Kohlhammer

Der Autor:
Dr. phil. Marc Fabian Buck vertritt derzeit die Professur für Allgemeine Pädagogik an der Universität Koblenz. Seine Forschungs- und Lehrschwerpunkte umfassen Transformationen pädagogischer Praxis und Theorie, Reformpädagogik und ihre Kritik, Phänomenologische Erziehungswissenschaft sowie Politische Bildung.

Marc Fabian Buck

Digitalisierung der Bildung

Eine Einführung

Verlag W. Kohlhammer

Für Wilma

Dieses Werk einschließlich aller seiner Teile ist urheberrechtlich geschützt. Jede Verwendung außerhalb der engen Grenzen des Urheberrechts ist ohne Zustimmung des Verlags unzulässig und strafbar. Das gilt insbesondere für Vervielfältigungen, Übersetzungen, Mikroverfilmungen und für die Einspeicherung und Verarbeitung in elektronischen Systemen.
Die Wiedergabe von Warenbezeichnungen, Handelsnamen und sonstigen Kennzeichen in diesem Buch berechtigt nicht zu der Annahme, dass diese von jedermann frei benutzt werden dürfen. Vielmehr kann es sich auch dann um eingetragene Warenzeichen oder sonstige geschützte Kennzeichen handeln, wenn sie nicht eigens als solche gekennzeichnet sind.
Es konnten nicht alle Rechtsinhaber von Abbildungen ermittelt werden. Sollte dem Verlag gegenüber der Nachweis der Rechtsinhaberschaft geführt werden, wird das branchenübliche Honorar nachträglich gezahlt.
Dieses Werk enthält Hinweise/Links zu externen Websites Dritter, auf deren Inhalt der Verlag keinen Einfluss hat und die der Haftung der jeweiligen Seitenanbieter oder -betreiber unterliegen. Zum Zeitpunkt der Verlinkung wurden die externen Websites auf mögliche Rechtsverstöße überprüft und dabei keine Rechtsverletzung festgestellt. Ohne konkrete Hinweise auf eine solche Rechtsverletzung ist eine permanente inhaltliche Kontrolle der verlinkten Seiten nicht zumutbar. Sollten jedoch Rechtsverletzungen bekannt werden, werden die betroffenen externen Links soweit möglich unverzüglich entfernt.

1. Auflage 2025

Alle Rechte vorbehalten
© W. Kohlhammer GmbH, Stuttgart
Gesamtherstellung: W. Kohlhammer GmbH, Heßbrühlstr. 69, 70565 Stuttgart
produktsicherheit@kohlhammer.de

Print:
ISBN 978-3-17-040428-1

E-Book-Formate:
pdf: ISBN 978-3-17-040429-8
epub: ISBN 978-3-17-040430-4

Inhaltsverzeichnis

Vorwort		7
1	Digitalisierung der Bildung – eine Chimäre	9
2	Technisierung	23
3	Mediatisierung	33
4	Gamification	43
5	Überwachung	52
6	Diskriminierung	62
7	Algorithmisierung	70
8	Virtualisierung	79
9	Ökonomisierung	88
10	Politisierung	97
11	Generierung	107
12	Ästhetisierung	115
Zwischenfazit		124

Inhaltsverzeichnis

**Open-Source-Software und Online-Anwendungen für
Schule und Studium**   **133**

Literaturverzeichnis   **135**

Vorwort

Bereits seit einigen Jahren nun flottiert der Begriff der Digitalisierung durch die Öffentlichkeit: als schulpolitische, elterliche oder wirtschaftsnahe Forderung, als Kampfbegriff für Schulkritik, als empirische Beschreibung der Veränderung von Schulsystemen und Unterricht. Anlässlich anstehender Wahlen lesen wir auf Plakaten bildungspolitische Versprechen unterschiedlicher politischer Lager, ›endlich‹ die Digitalisierung in die Bildung zu bringen. Bemerkenswert dabei ist, dass Digitalisierung nicht einfach eine pädagogische Konjunktur anzeigt, sondern zum Dauerthema geworden ist. Nur selten jedoch werden bildungspolitische Forderungen konkret, etwa in der Forderung nach flächendeckendem Informatikunterricht bzw. Programmieren als Schulfach. Digitalisierung, darauf scheint man sich in der Bildungspolitik vorerst einigen zu können, gibt es stets zu wenig, ist aber noch wichtiger als andere pädagogische Maßgaben, etwa der Inklusion oder Bildung für nachhaltige Entwicklung (BNE). Auch scheint die Diskussion über die Ausfinanzierung des Bildungssystems von der Frühförderung bis zu den Volkshochschulen über den Reformeifer der Digitalisierung in den Hintergrund zu geraten.

Nicht nur bildungspolitisch, sondern auch bildungspraktisch ist Unabgeschlossenheit der dominante Modus paralleler Diskurse. Es pressieren konkrete Fragen, etwa nach der angemessenen Bildschirmzeit für Kinder, wann diese eine Smartphone bekommen sollten oder ihre erste eigene E-Mail-Adresse. In der pädagogischen Ausbildung, also an Fachschulen, Hochschulen und Universitäten werden Workshops und Seminare eingerichtet, die einen ›gelingenden Umgang‹ mit Digitalisierung zum Ziel haben und Unsicherheit seitens der pädagogischen Fachkräfte verringern sollen. In jedem Fall aber lässt sich festhalten: Die Digitalisierungsdebatte bringt eine Dynamik in das Feld der Bildung, wie es anderen gesellschaftlichen Transformationen – denken Sie beispielsweise an die sozial-ökologische – nur selten gelingt.

Wenn Sie dieses Buch lesen, sind auch Sie mit großer Wahrscheinlichkeit in der Situation, sich mit der Digitalisierung der Bildung beschäftigen und sich zu ihr verhalten zu müssen, sei es im Studium oder im Beruf. Das Buch dient dazu, dass dies in informierter Weise geschehen kann. Es ist entstanden aus einer Reihe an Lehrveranstaltungen, die ich im Rahmen diverser Vertretungsprofessuren an den Universitäten Stuttgart, Hamburg, Hagen und Koblenz sowie der Helmut-Schmidt-Universität habe anbieten dürfen. Meinen aufgeweckten, diskussionsfreudigen und klugen Studierenden sei an dieser Stelle für ihren Beitrag zum Entstehen dieser Einführung ausdrücklich gedankt. Sie folgt dem didaktischen Aufbau einer Einführungsveranstaltung für Hauptfach- und Lehramtsstudierende gleichermaßen, ist dabei aber bewusst knapp gehalten.[1]

---

1 Die Entstehungsgeschichte dieses Buchs erstreckt sich über mittlerweile fünf Jahre, folglich ist noch viel mehr Dank zu erteilen. In erster Linie betrifft das Miguel Zulaica y Mugica, mit dem ich zahlreiche produktive und im besten Sinne irritierende Diskussionen habe führen dürfen. Auch gilt mein Dank Klaus-Peter Burkarth, der mit großer Gelassenheit, Nachsicht und Persistenz dieses Buch zur Realisierung gebracht hat. Steffen Lorenz, Johanna Profft und David Schulz danke ich für die Durchsicht und kritische Kommentierung des Manuskriptes, Arththana Devadas für ihr gründliches Lektorat.

1 Digitalisierung der Bildung – eine Chimäre

Ursprünglich trug diese Einführung den zugegebenermaßen etwas sperrigen Untertitel »Eine Einführung in Phänomene der Transformation pädagogischer Praxis«. Obwohl dieser verworfen wurde, soll er uns dazu dienen, entlang seiner enthaltenen Begriffe die Absicht des Folgenden näher zu erläutern. Vielleicht deutet sich bereits hier an: Es bedarf eines hohen Grades an Präzision, um wissenschaftlich angemessen über einen Gegenstand sprechen zu können. Im Durchgang dieses Buches werden wir diese wissenschaftliche Praktik wiederkehrend einüben.

Über *Digitalisierung* zu sprechen, bedeutet hier nicht über (Post-)Digitalität als kulturelles Datum im Sinne Felix Stalders (2024) zu sprechen[2] und somit eine fortlaufende Transformation erziehungswissenschaftlich in den Blick zu nehmen, die sich in unterschiedlichen Praktiken und Phänomenen zeigt. Das Anliegen besteht nicht in einer Bewertung der Digitalisierung hinsichtlich ihrer *Möglichkeiten und Grenzen* oder gar *Gelingensbedingungen*, sondern in der Annäherung an ihre Erscheinungsformen, Wirkzusammenhänge usw. An

---

2 Felix Stalder identifiziert drei Merkmale einer Kultur der Digitalität: Referentialität, Gemeinschaftlichkeit und Algorithmizität. Während seine kulturwissenschaftliche Perspektive auch in der Erziehungswissenschaft eine bemerkenswerte Rezeption erfährt, wird hier bewusst ein anderer Zugang gewählt, der die Prozessualität der digitalisierenden Transformation einerseits und die Eigenheiten pädagogischer Praxis andererseits berücksichtigt. Es ist der Versuch, allgemeinpädagogisch auf das gleiche Phänomen wie Stalder und andere zu blicken, aber unsere »einheimischen Begriffe« (Herbart 1806) – Erziehung und Unterricht – zu ihrem Recht kommen zu lassen. Das bringt mit sich, Digitalisierung nicht allein als medienpädagogisches Phänomen zu betrachten.

anderer Stelle (Buck 2020) habe ich die Digitalisierung der Bildung als Chimäre bezeichnet; als Wesen, dessen Einzelteile uns bereits bekannt sind, deren Zusammenspiel aber neu ist und das es zu begreifen gilt. Mit anderen Worten: Die Komplexität, Reichweite und Neuartigkeit der Sache erschweren präzises Sprechen über sie und erst recht ihre größtenteils noch ausstehende und notwendige Theoretisierung (Karcher 2019, S. 131). So lässt sich unter Digitalisierung auf basaler Ebene die Umwandlung analoger Daten und Dokumente (bspw. Schulbücher, Unterrichtsmaterial o. Ä.) in digitale fassen. Digitalisierung kann aber auch die Technisierung pädagogischer Praktiken anzeigen, die mit einem größer werdenden Einsatz von Hard- und Software durchgeführt werden. Eine andere Facette lässt sich als Automatisierung pädagogischer Handlungen (z. B. der Bewertung von Klassenarbeiten oder Klausuren) beschreiben, was die zuvor genannte Technisierung voraussetzt.[3] Als weiterer Aspekt der Digitalisierung lässt sich die Mediatisierung nennen, etwa in Form der Simulation (Kasch & Dreßler 2023) oder Augmentation von Unterrichtsgegenständen. Sie sehen bereits jetzt: Der Digitalisierungsbegriff umspannt eine Vielzahl von möglichen Bedeutungen, weswegen erst eine Variation und Präsisierung dessen, *was* wir genau meinen, wenn wir über Digitalisierung sprechen, dringend notwendig ist. So betreiben wir mit dieser Einführung Wissenschaft im besten Sinne: Wir vereindeutigen zunächst einen Begriff, indem wir ihn differenzieren und kritisieren, d. h. anhand zu benennender und entwickelnder Kriterien von anderen Transformationen unterscheidbar zu machen, dabei aber stets vom Pädago-

---

3 Diese begriffliche Spitzfindigkeit lässt sich noch weiter pointieren. Auf das lateinische Wort für Finger (digitus) zurückgehend spricht Herbert Bruderer (2020) davon, dass Rechenmaschinen vor der Nutzbarmachung der Elektrizität bereits digital funktioniert u. a. die *Zweispezies-Rechenmaschine* des Tübinger Astronomen und Mathematikers Wilhelm Schickard aus dem Jahr 1623, die *Pascaline* des französischen Mathematikers Blaise Pascal aus dem Jahr 1642 und das *Arithmometer* des Franzosen Charles Xavier Thomas aus dem frühen 19. Jahrhundert.

gischen und nicht von der Gesellschaft, der Wirtschaft oder der Kultur ausgehen.[4]

Gleiches gilt für den Begriff der *Bildung*. In meiner Einführung in die Ökonomisierung der Bildung (Buck 2023, S. 13 f) habe ich eine Differenzierung zwischen einem soziologischen und einem pädagogischen Verständnis von Bildung skizziert, die uns auch hier dienlich sein soll. Soziologisch ist Bildung eine Messgröße dafür, welche Teile einer Gesellschaft schulische und andere Bildungseinrichtungen im Laufe ihrer Biographie besuchen, welche Bildungsabschlüsse erreicht werden und wie sich die Teilhabe an Bildung sozialstrukturell differenzieren und erklären lässt (Bayer 2024). Besonders bildungspolitisch ist diese Perspektive in den letzten Jahrzehnten wichtiger geworden, was sich etwa am Erstarken des sogenannten Bildungsmonitorings und der Hochkonjunktur internationaler Bildungsvergleichsstudien wie PISA oder IGLU zeigt. Unter einem pädagogischen Bildungsbegriff hingegen kommt stärker eine auf das Individuum fokussierende Perspektive zum Tragen, die die Messbarkeit von Bildung generell in Frage stellt. Bildung in diesem Sinne wird seit der Antike verstanden als Prozess und Ergebnis einer Auseinandersetzung mit diversen Gegenständen, Argumenten und Positionen, was – sofern erfolgreich vollzogen – ein *verändertes Welt- und Selbstverhältnis* nach sich zieht. Diese Formel geht auf Wilhelm von Humboldt (1767–1835) zurück, der unermüdlich als Stellvertreter für einen

---

4 Das heißt nicht, dass es nicht durchaus lesenswerte Werke etwa soziologischer Art gäbe, deren Lektüre ich Ihnen gerne anempfehlen möchte, von Manuel Castells dreibändigem Werk zur *Netzwerkgesellschaft* (1996–1998) über Andreas Reckwitz' *Die Gesellschaft der Singularitäten* (2017) und Steffen Maus *Das metrische Wir* (2017) bis Shoshanna Zuboffs *Das Zeitalter des Überwachungskapitalismus* (2018). Gleiches gilt für medientheoretische Klassiker wie Marshall McLuhans *Understanding Media* (1964) sowie Edward S. Hermans und Noam Chomskys *Manufacturing Consent* (1988), das seit 2023 erstmals auch in deutscher Sprache vorliegt. An verschiedenen Stellen in diesem Buch werden wir immer wieder auf Referenzen aus der disziplinären Nachbarschaft zurückgreifen, ohne aber – das ist der erklärte Anspruch – unseren Fokus auf das Pädagogische zu verlieren.

bildungstheoretisch informierten Begriff herangezogen wird, obwohl diverse Zeitgenossen, Vorgänger und Nachfolger gab und gibt, die in ausführlicherer Art und Weise über Bildung als »Verfeinerung unserer begrifflichen Fähigkeiten in hermeneutischen Praxen der Aneignung von Welt« (Dörpinghaus 2015, S.466f) nachdenken im Sinne einer Bildung, die dem Menschen dazu dient, »die Kräfte seiner Natur [zu] stärken und erhöhen, seinem Wesen Werth und Dauer [zu] verschaffen« (Humboldt 1960, S. 235). War zu Beginn bildungstheoretischer Bemühungen das Ziel kein geringeres als »die Ausbildung der Menschheit, als ein Ganzes, zu vollenden« (ebd., S. 234), bemüht sich Bildungstheorie heute etwas bescheidener um eine Plausibilisierung des Bildungsgedankens als höhere Form des Lernens auch in empirischer Hinsicht. Der Hamburger Erziehungswissenschaftler Hans-Christoph Koller bspw. hat im Anschluss an die Arbeit seines Doktorvaters Rainer Kokemohr (1940–2020) eine transformatorische Bildungstheorie entwickelt, in der er über den Sprachgebrauch im Laufe unserer Biographien Bildungsprozesse nachzuzeichnen versucht (Koller 2023). Wie viele Bildungstheoretikerinnen und -theoretiker bin auch ich der Überzeugung, dass es Bildung in Relation zum Lernen gibt, sie sich aber nicht einfach herstellen lässt, anders als wir etwa ein Möbelstück herstellen oder eine Excel-Liste anfertigen.[5] Aber: Ihre Aktualisierung lässt sich wahrscheinlicher machen, was auf die Kunst der Vermittlung – id

---

5 Aristoteles (384–322 v.Chr.) führt die Unterscheidung zweier Modi des Handelns ein: Praxis und Poiesis. Während Poiesis ein herstellendes Machen für einen bestimmten Zweck repräsentiert, verweist Praxis auf die Künste menschlichen Handelns. Zu den zweiten gehört das Geschäft der Erziehung, was sich anekdotisch leicht plausibilisieren lässt: nur weil ich den Adressaten meines Handelns mitteile, dass ein Verhalten (etwa: Nasebohren in der Öffentlichkeit) unerwünscht ist, heißt es nicht, dass dieser Wunsch der Unterlassung verstanden, akzeptiert und umgesetzt wird, mithin: Lern- oder gar Bildungsprozesse stattfinden. Klaus Prange (2012, S. 59) bezeichnet dies als »pädagogische Differenz« zwischen Zeigen und Lernen, um deren Verringerung wir bemüht sind.

est: Didaktik – verweist.⁶ Digitalisierung der Bildung kann sich folglich auf Vieles beziehen: auf die Systemebene öffentlicher Erziehung und Bildung, auf die Organisationsebene von Schulen, Kindergärten, Volkshochschulen usw., auf die Interaktionsebene oder gar auf das Individuum. Abermals wird einsichtig, dass eine jeweilige Präzisierung notwendig ist, damit alle am Gespräch Beteiligten sicher sein können, über das gleiche Phänomen zu sprechen.

Was bedeutet es, dass dieses Buch als *Einführung* angelegt ist? Zunächst bedeutet es, dass die hier vorgestellten Probleme nur einen Streifzug durch ein sehr großes, sich ständig erweiterndes Forschungsfeld darstellen. Das heißt folglich auch, dass ich mit relativer Selbstverständlichkeit meine eigene Perspektive auf ein wissenschaftliches Problem darlege, die neben vielen anderen Perspektiven existiert. Sie ist nicht immun gegenüber Kritik und soll es auch nicht sein. Stattdessen versuche ich Ihnen, so gut es mir möglich ist, meine Vorannahmen und Überzeugungen transparent darzulegen und von anderen theoretischen Positionen und Argumenten abzugrenzen, damit Sie sich zu meiner Argumentation verhalten können. Auch ist eine Einführung dadurch gekennzeichnet, dass sie an vielen Stellen komplexe Sachverhalte zwangsläufig verkürzt – oder als Lehrer gesprochen: didaktisch reduziert. Das bedeutet in der Folge, dass ich Sie explizit zur vertiefenden Lektüre aufrufen möchte, zu deren Zweck am Schluss jedes Kapitels einige relevante Empfehlungen

---

6 Dieser Blick auf Didaktik ist nicht ungeteilt. Immer wieder wünschen Studierende Werkzeugkästen für den Unterricht (was ggf. dem Begehren nach einer poietischen Handlungsform Ausdruck verleiht) oder insinuieren lehrerbildende Universitäten, dass mit Hilfe von Techniken (etwa Classroom Management) eine Steuerung sozialen Geschehens beliebig möglich wäre. Hierin spiegelt sich der Konflikt zwischen Kompetenzorientierung und Bildung, der seit der ersten PISA-Studie im Jahre 2000 die Erziehungswissenschaft spaltet. Der Titel eines jüngst erschienenen Sammelbandes von Douglas Yacek und Julia Lipkina (2025) unterstreicht die Persistenz dieses Konfliktes und bezeugt die Beharrlichkeit des Pädagogischen: »Unterricht jenseits der Kompetenzorientierung. Lehr- und Lernansätze für mehr Bildung«.

aufgeführt sind. Ebenso finden Sie dort eine Zusammenfassung des Kapitels sowie Reflexionsfragen, die Sie zum Nach- und Weiterdenken auffordern, zu kontroversen Gesprächen ermutigen oder gar Inspirationen für Seminar- und Abschlussarbeiten bieten. Zuletzt bedeutet einführend, dass bei relevanten Gewährsleuten zusätzlich Lebensdaten oder Wirkungsorte abgedruckt sind. Auch das stellt eine Aufforderung an Sie dar, sich räumlich und zeitlich in dem zu orientieren, was als Bestand in unserer Disziplin und in der Nachbarschaft vorliegt.

Der Begriff der *Phänomene* verweist einerseits auf ein methodisches Vorgehen, andererseits auf eine wissenschaftstheoretische Grundhaltung, die ich vertrete. Methodisch deutet es an, dass wir nicht etwa nach Implementationsmöglichkeiten der Digitalisierung fragen, sondern eine Beschreibung dessen vornehmen, was sich in Schulen, Kindergärten, Gewerkschaftszentren und allen anderen Bildungseinrichtungen als Ausdruck der Digitalisierung zeigt. Wir betreiben das als bescheidenen Beitrag zu etwas, was es noch nicht gibt: einer pädagogischen Theorie der Digitalisierung. Ein solches Vorgehen wird auch induktiv genannt, weil es aus der Beobachtung heraus eine vom Phänomen abstrahierte, d. h. allgemeinere Theorie ermöglicht – *theōria* bedeutet im Griechischen wortwörtlich Beschau. Dem gegenüber steht ein deduktives Vorgehen, das bereits eine Theorie und Thesen (etwa zur Digitalisierung) voraussetzt und deren Richtigkeit empirisch prüft. Die in dieser Einführung dargestellten Phänomene sind jedoch keine beliebige Aneinanderreihung zufälliger oder auffälliger Erscheinungen, sondern bereits das Ergebnis einer mehrjährigen Auseinandersetzung mit dem Thema in forschender und lehrender Hinsicht. Der Aufbau dieses Buchs, die Auswahl der Phänomene und der Gang von Beispiel zu Beispiel – *Epăgōgḗ*, wie es Aristoteles nennt und Günther Buck (2019) theoretisiert – können somit einerseits als illustrativ, andererseits als prototheoretisch beschrieben werden.[7] Darin zeigt sich ein Theo-

---

7 Bei zwei weiteren Klassikern der Allgemeinen Didaktik sind Beispiele zentral: bei dem vom Lehrer, Physiker und Erziehungswissenschaftler Martin Wa-

rieverständnis, das solche nicht einfach auf Praxis *anwendet*, sondern sie als sinngebende und abstrahierende Instanz begreift, mit Hilfe derer die Welt und unsere Gegenstände darin besser verstanden werden können. Hinter meinem Vorgehen steht ein Denkstil, der gemeinhin phänomenologisch genannt wird (Agostini 2026). Im Gegensatz zu konstruktivistischen Theorien ruht die Phänomenologie auf einem realistischen Weltbild auf, also der Annahme, dass es eine vorgängig existente Welt gibt, an der wir gemeinsam teilhaben, dessen Wahrnehmung uns aber voneinander unterscheidet. Jedem und jeder zeigen sich Phänomene auf unterschiedliche Arten und Weisen, was auf unsere je eigenen Erfahrungshorizonte verweist. Über das Medium des Gesprächs können wir eine Verständigung darüber vornehmen, was in institutionalisierter Form als Unterrichtsgespräch zum Ausdruck kommt. In diesem Sinne hat auch ein solches Buch ein soziales Moment, weil es Ihnen meine (durchaus fehl- und korrigierbare) Wahrnehmung darlegt und Sie dazu auffordert, sich dazu zustimmend, ablehnend oder – im besten Fall – differenziert zu verhalten. Auch bedeutet die Darlegung meiner Perspektive nicht, dass keine Quellen, Studien und Stimmen anderer theoretischer und disziplinärer Herkünfte zu Wort kämen. Im Gegenteil: Diese werden, möglichst transparent, mit dem Dargelegten konfrontiert, sodass sich im besten Fall für Sie nachvollziehbar deutliche Ähnlichkeiten, Differenzen, Ambivalenzen und Widersprüche abzeichnen.

Was ebenfalls ein phänomenologisches Denken auszeichnet, ist, dass es von der leiblichen Verfasstheit unserer Existenz ausgeht. Im Leib sind untrennbar Körper und Geist miteinander verbunden – was René Descartes (1596–1650) und viele andere mehr analytisch zu trennen suchten –, da das eine nicht ohne das andere existieren kann. Diese Einsicht wird vor allem mit Blick auf die Virtualisierung

---

genschein (1896–1988) entwickelten Prinzip des *Exemplarischen Lernens* (Wagenschein 1999) sowie in der vom Lehrer und Erziehungswissenschaftler Wolfgang Klafki (1927–2016) entwickelten *Didaktischen Analyse* (Klafki 1958).

und Enträumlichung/Entzeitlichung im Zuge der Digitalisierung relevant. Als Drittes von vielen noch zu nennenden Merkmalen ist eine mit der Leiblichkeit verbundenen Idee menschlichen Handelns verbunden, die sich nicht komplett rationalisieren lässt; entgegen einer Haltung, wie sie im Kognitivismus etwa weit verbreitet war und ist. Das heißt, dass uns selbst zahlreiche Momente unseres Denkens, Verhaltens, Handelns entzogen sind und sich erst entweder lange nach dem Erfahrungsvollzug oder gar nicht durch Reflexion erschließen lassen (Meyer-Drawe 2005). Denken Sie beispielsweise an das Phänomen der Verliebtheit, was sich mit hemdsärmeligen Analogien (›Schmetterlinge im Bauch‹) nur ansatzweise beschreiben lässt, und auch nur denen, in deren Erfahrungshorizont eine Verliebtheitserfahrung bereits vorliegt.[8] Die genannten spezifischen Momente eines phänomenologischen Blicks – Sozialität, Leiblichkeit, Entzug – werden an verschiedenen Stellen des Buchs relevant.

Worauf fokussieren wir, wenn wir auf *Transformationen* blicken, also bewusst von Digitali*sierung* sprechen und nicht vom bereits Digitalisierten oder der anzustrebenden Digitalität? Offenbar geht es um einen Wandel, der nicht abgeschlossen, sondern noch oder bereits wieder im Gang ist. Unser Blick richtet sich in den folgenden elf Kapiteln also darauf, dass und wie sich Dinge verändern, die in unseren Zuständigkeitsbereich fallen, weil wir sie als pädagogisch

---

8 Am Verliebtheitsbeispiel lässt sich auch die Differenz zu einer platonischen Weltsicht mit Vorder- und Hinterwelt bzw. zum geisteswissenschaftlichen Paradigma pädagogischen Denkens illustrieren. Während hermeneutisch die Schmetterlinge als Zeichen auf die Idee der Verliebtheit verweisen, *sind* sie phänomenologisch gesprochen Verliebtheit, wie wir sie in unserem Erfahrungshorizont wahrnehmen. Wenn Sie diese wissenschaftstheoretischen Differenzen etwas genauer nachvollziehen möchten, empfehle ich Ihnen die Hinzunahme einer entsprechenden Einführung bzw. der beiden entsprechenden Videos in dem Video- und Buchprojekt *Strömungen und Denkstile der Pädagogik*, in denen Eva Matthes und Evi Agostini die jeweiligen Strömungen der Geisteswissenschaftlichen Pädagogik und Phänomenologie anschaulich darlegen. Sie finden diese unter https://www.stroemungenunddenkstile.de.

ausweisen. Das setzt wiederum ein historisches Bewusstsein voraus über den Status quo ante, also eine Beschreibung pädagogischer Praxis *vor* der Digitalisierung. Damit handeln wir uns zwei Probleme ein. Erstens ist es, wie wir bereits festgestellt haben, aufgrund der Dehnbarkeit des Digitalisierungsbegriffs ausgesprochen schwierig, einen Anfang zu datieren. Zweitens überschneidet sich die pädagogische Praxis mit anderen Zuständigkeiten, sodass ein allgemeines Sprechen über das ›Außerpädagogische‹ zwangsläufig Ungenauigkeiten mit sich bringt, über die Sie bitte großmütig hinwegsehen. Unsere Beobachtungen von Transformationen sind demnach solche, die sich entweder als neues Phänomen aus dem technischen Fortschritt oder politischen Leitlinien ergeben oder durch das Zusammenspiel bereits bekannter Einzelteile neue Wirkungen entfalten – man spricht in diesem Fall auch von Emergenz. Häufig sind diese Transformationen, die für die kommenden Kapitel titelgebend sind, das Ergebnis anhaltender Diskurse verschiedener Disziplinen und zahlreicher kluger Köpfe und somit Erinnerung an wissenschaftliche Demut. Wir sind und bleiben, woran uns Karl Popper erinnert, Zwerge auf Schultern von Riesen. Was schließlich hier mit dem Festhalten am kontinuativen Begriff der Digitalisierung ebenfalls verbunden ist, ist eine Ablehnung der Vorsilbe ›Post-‹ für die Beschreibung und Problematisierung pädagogischer Phänomene, etwa ausgewiesen als ›postdigitaler Unterricht‹. Das liegt einerseits im inkonsistenten, abermals Ungenauigkeit produzierenden Begriffsgebrauch: ›post-‹ kann anzeigen, dass etwas normalisiert ist, aber auch, dass man es hinter sich gelassen hat (Zulaica y Mugica & Buck 2023a). Ich befürchte, dass mit seinem Gebrauch der Blick auf den fortlaufenden Prozess verstellt wird, der für das Anliegen dieses Buches zentral ist.[9]

---

9 Bedauerlicherweise ist auch der Begriff der Transformation in der Erziehungswissenschaft weitestgehend unterbestimmt, was angesichts der Popularität der Theorien des transformativen Lernens (Mezirow 1997) und transformativer Bildung (Koller 2023) überrascht. Wir nutzen ihn in dieser Einführung als Markierung eines Wandels pädagogischer Praxis, ohne auf

1 Digitalisierung der Bildung – eine Chimäre

Im Mittelpunkt unserer Annäherung steht der Begriff des *Pädagogischen*. Einige Annahmen für die folgenden Kapitel kennen Sie bereits. Wir gehen davon aus, dass die pädagogische Praxis eine soziale und leibliche ist – und somit nicht radikalpsychologisch auf das Individuum reduzibel oder rein empirisch beschreibbar ohne implizite oder explizite Vorstellungen davon, was man beschreibt. Gemeinsam bedeutet das: Wir betreiben Pädagogik – sei es in Form von spontaner Erziehung, geplantem Unterricht, universitärer Lehre usw. – immer im Medium der Sozialität und Zwischenleiblichkeit, wie es beim französischen Phänomenologen Maurice Merleau-Ponty (1908–1961) heißt. Darüber hinaus ist die pädagogische Praxis eine ethisch dimensionierte, was bedeutet, dass wir stets über eine normative Vorstellung davon verfügen, was gute und gelingende Erziehung ist und wie ihr Gegenteil aussieht. Diese Normen sind häufig überliefert und implizit, mitunter politisch vorgegeben, idealerweise professionell ausgehandelt und wissenschaftlich begründet. Selbstverständlich vollzieht sich Erziehung im Sozialen, allerdings nicht unter der Annahme, dass Erziehung allein und ausschließlich der Sozialisation der nachfolgenden Generation dienlich ist (eine Position, wie Sie der Begründer französischen Soziologie Émile Durkheim (1858–1917) noch vertrat), sondern als deren kritisches Korrektiv. Das heißt: Wir können pädagogisches Denken und Handeln begründet von den nahen und fernen Nachbarwissenschaften Psychologie, Soziologie, Kulturwissenschaft und Neurobiologie abgrenzen, die auch etwas zum Lernen, zur Schule, zur Sozialisation oder zur Entwicklung beizutragen haben bzw. diese zu ihren Forschungsgegenständen erheben. Zugleich bleibt unser Kernbegriff der der *Erziehung*. Als solcher ist er weder Lernen noch Bildung gleichzusetzen, sondern jeweils *zu* ihnen zu bestimmen (Welter & Tenorth 2022). Mit Klaus Prange (1939–2019) verstehe ich unter Erziehung jedes Zeigen, das auf ein Lernen gerichtet ist, womit Erziehung und Unterricht in

---

Probleme einzugehen, die der Transformationsbegriff unserer Theoriebildung einhandeln mag.

eins fallen, zumindest was die Absichtsdimension unseres Handelns betrifft. Das Zeigen *ist* pädagogische Aufgabe schlechthin, seine Reflexion, Theoretisierung und empirische Prüfung Gegenstand der Erziehungswissenschaft.[10] Schließlich ist die *Praxis* zu erläutern. Hierunter verstehe ich die Gesamtheit verschiedener, voneinander unterscheidbarer Handlungen unterschiedlicher Reichweite innerhalb unserer Handlungsfelder, von der Frühpädagogik bis zur Alterspädagogik. Unsere Praxis findet stets im Medium der Gesellschaft statt – selbst, wenn es sich um ein Zwiegespräch handelt. Die Praktiken innerhalb einer Praxis sind gewiss vielfältig. Für das Beispiel Schule können das neben dem Unterricht sein: die Unterrichtsplanung, eine Klausurkorrektur, das Melden und die Gesprächsordnung im Unterricht, ein Unterrichtsbesuch im Referendariat, die Durchführung eines Elterngesprächs, das Pausengespräch mit einer Schülerin oder die Leistungsbesprechung eines Schülers in der Zeugniskonferenz. Die in diesem Buch vorkommenden Praktiken, selbstverständlich nicht auf das Feld der Schule beschränkt, dienen als Bezugspunkt für Auffälligkeiten der Transformation, ohne dass ein spezifisch praxistheoretischer Zugang gewählt wurde. Darunter zu verstehen ist eine Forschungsperspektive, die Gesellschaft von ihren Praxen her zu erschließen versucht, d. h. nicht von einer normativen Idee des Gemeinsamen ausgeht (etwa ein Leben in Gesundheit, Frieden und

---

10 Demnach vertrete ich die Auffassung, dass auch diese disziplinäre Bezeichnung aufrechterhalten ist. Die heute modische Bezeichnung der Bildungswissenschaft verweist auf eine interdisziplinäre Öffnung der Auseinandersetzung mit pädagogischen Themen- und Handlungsfeldern – v. a. durch die Psychologie und Soziologie –, ohne jedoch darauf zu verweisen, dass Interdisziplinarität zunächst Disziplinarität als Unterscheidungskriterium voraussetzt. Auch der Begriff der Pädagogik ist wenig trennscharf, da er zugleich die Ebenen pädagogischer Praxis *und* wissenschaftlicher Reflexion bezeichnen kann, in seiner adjektivischen Form jedoch unersetzlich ist. Von Erziehungswissenschaft soll im Folgenden dann die Rede sein, wenn es um wissenschaftliche, d. h. dem unmittelbaren Handlungsdruck entlastete Reflexion über die und eine Erforschung der Handlungsebene geht.

Wohlstand), sondern eine Beobachtung vornimmt, *wie* in der Gesellschaft menschliche Praxis sprachlich und körperlich gestaltet ist, um deren jeweiliges Funktionieren zu sichern. Sie hat ihre Wurzeln in der Ethnomethodologie Harold Garfinkels (1917–2011) und in der phänomenologischen Soziologie Alfred Schütz' (1899–1959) (Schäfer 2016). Vielmehr soll eine phänomenologische Deskription digitalisierender Phänomene im Mittelpunkt stehen.

Erlauben Sie mir noch einige Worte zum Umgang mit diesem Buch: Die folgenden Kapitel bauen teilweise aufeinander auf, demnach lautet die Empfehlung, es in klassischer Form von vorne bis hinten zu lesen. Die beigefügten Fußnoten dienen der jeweiligen Präzisierung und Ergänzung des Dargelegten, sind für den hauptsächlichen Argumentationsstrang allerdings weniger relevant. In den elf folgenden Kapiteln wird zunächst eine Transformation benannt, die durch die Digitalisierung betroffen, angestoßen, beschleunigt oder verursacht wurde. Anhand ausgewählter Texte wird plausibilisiert, auf welche Art und Weise Veränderungen geschehen und wie sich diese jeweils empirisch plausibilisieren lassen.[11] Nach jedem der folgenden Kapitel erschließt sich, so meine leise Hoffnung, ein differenzierteres Bild der chimärenhaften Digitalisierung der Bildung und somit die Möglichkeit einer informierten und überlegten Haltung und Stellungnahme zu ihr sowie verantwortlicher Praxis mit ihr.

Zusammenfassung des Kapitels: Die Absicht dieser Einführung liegt darin, den Prozess der Digitalisierung daraufhin zu befragen, wie er sich verschiedenartig im Einfluss auf Praktiken im Feld der Bildung zeigt. Leitend ist dabei die Annahme, dass es eine spezifisch pädagogische Praxis gibt, die einer digitalisierenden Transformation unterliegt und die es zunächst allgemeinpädagogisch und am Gang

---

11 Es geht mir gerade nicht darum, aus der Lust des Widerspruchs, des Alarmismus oder anderen Beweggründen heraus gegen Digitalisierung anzuschreiben, wie es in romanhafter Form oder im Bewegtbild (*Black Mirror*) vor einigen Jahren in Mode kam. Denken Sie bspw. an Dave Eggers *The Circle* und *Every*, Marc-Uwe Klings *Qualityland* (2.0) oder Marc Elsbergs *Zero*.

von Beispiel zu Beispiel zu beschreiben gilt. Exemplarisch werden elf Veränderungen präsentiert und diskutiert mit dem Ziel, einen differenzierten Blick auf den Oberbegriff der Digitalisierung zu entwickeln.

> **Literaturempfehlungen zur weiterführenden Lektüre**
>
> - Arnold, Florian/Bernhardt, Johannes C./Feige, Daniel Martin/Schröter, Christian (Hrsg.) (2024). Digitalität von A bis Z. Bielefeld: transcript. https://doi.org/10.1515/9783839467657.
> - Aßmann, Sandra & Ricken, Norbert (Hrsg.) (2023). Bildung und Digitalität. Analysen – Diskurse – Perspektiven. Wiesbaden: Springer VS. https://doi.org/10.1007/978-3-658-30766-0.
> - Buck, Marc Fabian & Zulaica y Mugica, Miguel (Hrsg.) (2023). Digitalisierte Lebenswelten. Bildungstheoretische Reflexionen. Stuttgart: J.B. Metzler. https://doi.org/10.1007/978-3-662-66123-9.
> - Caruso, Marcelo (2019). Geschichte der Bildung und Erziehung. Medienentwicklung und Medienwandel. Paderborn: Schöningh/UTB.
> - Gramelsberger, Gabriele (2024). Philosophie des Digitalen zur Einführung. 2. Aufl. Hamburg: Junius.
> - Krämer, Sybille & Noller, Jörg (Hrsg.) (2024). Was ist digitale Philosophie? Phänomene, Formen, Methoden. Paderborn: Brill/mentis.

Reflexionsfragen zum ersten Kapitel

1. Wie lassen sich verschiedene Bildungsbegriffe voneinander unterscheiden? Welche weiteren Begriffe werden in der Öffentlichkeit oder unterschiedlichen Disziplinen ebenfalls unterschiedlich ausgedeutet?

2. Was macht es schwierig, den Beginn der Digitalisierung zu datieren? Nennen und begründen Sie drei verschiedene Möglichkeiten ihres Anfangs.
3. Inwiefern ist Pädagogik eine historisch, normativ und ethisch bestimmte Praxis? Welche Einigkeit über ›richtige Erziehung‹ gibt es hier und heute? Was sind erzieherische Tabus? Wie haben sich diese über die Zeit gewandelt?
4. Welche Möglichkeiten, Digitalisierung wissenschaftlich in den Blick zu nehmen, gibt es? Was zeichnet eine spezifisch pädagogische Perspektive aus?
5. Wenn Sie einen ersten Blick auf die folgenden Kapitelüberschriften werfen, welche Ihnen bekannten Beispiele würden Sie den transformativen Veränderungen zuordnen?

2 Technisierung

Wenn Sie an Technisierung von Pädagogik denken, werden Sie ggf. zunächst an Schulen denken, die ihre Kreidetafeln erst durch Whiteboards und dann durch SmartBoards ersetzt haben; vielleicht auch an Tablets und deren Einsatz im Unterricht, jüngst an Chatprogramme künstlicher Intelligenz, die einem die Recherche für oder gar das Schreiben von Hausaufgaben und Seminararbeiten erleichtern. Dieser Aspekt, die steigende Durchdringung pädagogischer Räume durch Hard- und Software, stellt einen der beiden hier zu diskutierenden Punkte dar. Der andere liegt in der Veränderung des Denkens über pädagogische Praxis im Modus des Technischen. In dieser Reihenfolge sollen beide Aspekte beleuchtet werden.

Wie bereits in der Einleitung als Problem dargelegt, stellt sich auch bei der Technisierung der Bildung das Problem eines nur schwer zu benennenden Anfangs. Sind mit Hilfe von Stöcken in den Boden gekratzte Skizzen in Platons Akademie Ausdruck einer Technisierung? Sind es die ersten gedruckten Schulbücher? Gilt die Technisierung schon ab der Schiefertafel oder erst seit den ersten Unterrichtsmaterialien, die elektrisch funktionieren? Ist auch die Beleuchtung von Studierzimmern und Klassenräumen zur Ermöglichung der Lesbarkeit von Texten als Technisierung zu werten? Dem Berliner Bildungshistoriker Marcelo Caruso (2019) verdanken wir die These einer kontinuierlichen Entwicklung, die handwerkliche, soziale und später industrielle Techniken und Technologien umfasst. Er spannt dabei den Bogen von der Erfindung der Schrift über die textbasierte Technologie der (damals noch sehr elitären) Unterweisung durch die Buchreligionen und später in Universitätsvorlesungen, die Schaffung spezifischer Lehrbücher hin zur Ver-Öffentlichung von Kindheit und Bildung, die geordnete Massenschule bis hin zu pädagogisierten Massenmedien wie Schulradio, Schulkino und digitalen Medienumwelten.[12]

Wenn wir uns der Frage bereits bildungshistorisch nähern, lohnt sich auch ein Blick in die Begründungsfiguren für den Einsatz von Technik in Schulen: Mit welchen Hoffnungen und Versprechen finden technische Lehr- und Lernmittel Eingang in die Schule? Marcel Kabaum und Petra Anders (2020) haben genau dies untersucht und dabei die Legitimation von Technik in Schulen und deren Begründungen und Hoffnung im Vergleich zwischen Deutschland und den USA betrachtet. Es geht in deren Untersuchung also nicht um die tatsächliche Wirksamkeit oder gar Verbesserung von Pädagogik durch Technik, sondern um deren Rechtfertigung. Gegenstände der Untersuchung waren das Schulradio, Schulfernsehen und Lehrmaschinen bzw. programmierter Unterricht. Ein sich wiederholendes Muster in den Begründungsstrategien zur Technisierung stellt dabei das Versprechen einer Steigerung von Effektivität und Effizienz dar, allerdings zulasten der Stellung und Bedeutung der Lehrkräfte. Diese werden zunehmend zu »Juniorpartner[n]« (ebd., S. 318) der Technik.[13] Auch stellt sich das Versprechen in vielen Fällen als nicht haltbar heraus, wie Kabaum und Anders herausarbeiten: Eine Verbesserung des Unterrichts war schlichtweg empirisch nicht nachzuweisen. Zugleich sind über alle drei Beispiele hinweg zwei zentrale Charakteristika zu vermerken: 1) erfolgte die Einführung der Technik in die Schulen von äußeren Akteuren

---

12 Diese Begriffsarbeit lässt sich selbstredend weitertreiben. Die Berliner Philosophieprofessorin Sybille Krämer vertritt bspw. wie auch der Schweizer Technikhistoriker Herbert Bruderer die These, dass auch die Digitalität lange kulturgeschichtliche Vorläufer aufweist. Einen Vortrag, in dem sie dies expliziert, finden Sie bei der Bundeszentrale für politische Bildung (bpb): https://www.bpb.de/mediathek/video/305607/sybille-kraemer-kulturgeschichte-der-digitalisierung/.

13 Insofern ist in dieser Perspektive der Medienbegriff im Wortsinne eine exakte Beschreibung dessen, was sich in der Technisierung bzw. Technologisierung vollzieht: Etwas steht in medio zwischen Lehrkraft und Lernenden, was dort zuvor nicht existierte – dazu mehr in Kapitel 3 (▶ Kap. 3).

(Schulverwaltung, Bildungspolitik, Wirtschaft), 2) Unterricht als zentrale pädagogische Praxis wurde »leichtfertig reduziert auf einen mechanischen Prozess der Wissensvermittlung« (ebd.). Was Kabaum und Anders damit ansprechen, ist ein Einschleifen dessen, was wir in der Einleitung als spezifisch pädagogisches Moment angedeutet haben. Es stellt sich die Frage, was wir preisgeben, wenn eine Überantwortung pädagogischer Urteilskraft an Technik stattfindet. So ließe sich etwa argumentieren, dass gute Lehrkräfte in der Lage sind, bei der Notenvergabe nicht nur reine Leistungsergebnisse als Maßgabe zu berücksichtigen, sondern kontextuelles Wissen hinzuzuziehen. Sie bewerten zugleich die Entwicklung einzelner Schülerinnen und Schüler, wissen um deren Stärken und Herausforderungen.[14] Technisierung bedeutet also ggf. auch eine Veränderung des Verständnisses pädagogischen Handelns in Form einer Standardisierung von Adressaten und Akteuren gleichermaßen mit der Gefahr, deren individuelle Besonderheiten im Umgang in den Hintergrund rücken zu lassen. Zurück geht diese vorsichtige Haltung auf die Einsicht, dass Technik weder gut noch schlecht noch neutral ist, sondern vor ihrem jeweiligen Begründungs- und Verwendungszusammenhang einer differenzierten Bewertung bedarf (Kranzberg 1986).

Technisierung bedeutet aber auch im Zuge der Digitalisierung, dass eine enorme Anhäufung von Daten erfolgt. Man spricht folglich auch von *Datafizierung* oder *Big Data* in der Pädagogik (Gapski 2015). Damit bezeichnet man die Ansammlung personengebundener und abstrahierter Daten, die in pädagogischen Kontexten und Prozessen erhoben werden. Veredelt und verwertet werden diese Daten ent-

---

14 Dem französischen Soziologen Bruno Latour (1947–2022) verdanken wir die Idee der Delegation, also der sozialen Verantwortungsverschiebung an andere und anderes, in diesem Fall Technik. Im Zusammenhang mit KI (Buck 2025a) beschrieb ich bereits meine Irritation darüber, dass kaum eine ethische Debatte darüber geführt wird, was legitimerweise an sie delegiert werden kann (z. B. die Zeitplanung in der Koordination von Kliententerminen) und was nicht (etwa Vorbereitung von Hilfeplangesprächen).

weder lokal von jeweiliger Software oder an anderer Stelle, ohne dass es bisher ein hinreichendes Rahmenwerk gäbe, das den unterschiedlichen Datenschutzansprüchen gegenüber Schutzbefohlenen gerecht würde (Pötzsch & Buck 2023). In jedem Fall aber folgt der Erhebung der Daten zumeist eine Messung – etwa des Leistungsstandes einer Schülerin oder Schulklasse, der durchschnittlichen Bearbeitungszeit für Klausuraufgaben usf. Konzentriert werden diese Bemühungen im (hoch-)schulischen Zusammenhang im Begriff der *Learning Analytics*, die mit Hilfe statistischer Methoden Aufschluss über Lernverhalten und dessen Optimierung versprechen, »was zur Folge hat, dass die Lernprozesssteuerung einer informationstechnischen (und nicht einer pädagogischen, entwicklungspsychologischen oder didaktischen) Logik folgt« (Dammer 2024, S. 46 f).

Derzeit beobachten wir eine ambivalente Tendenz zur Implementation von Techniken in pädagogischen Kontexten. So wird etwa in Schweden das Lesen- und Schreibenlernen seit 2024 wieder ohne technisch-digitale Hilfsmittel gelehrt. Die Praxis folgt damit der aktuellen Forschungslage zum Einsatz von Technik zur Verbesserung des Lernens. Wie immer bei empirischer Forschung lohnt sich ein Blick in angelegten Variablen, die Operationalisierung von Phänomenen und ihre interpretierten Funde. Was wird in den entsprechenden Studien bspw. unter Lernen verstanden, wie wird es gemessen? Häufig sind es nicht Lernprozesse, die in den Blick kommen, sondern Lernergebnisse, was den Erkenntniswert des Gemessenen entschieden beeinflusst und uns auf unsere eigenen Vorurteile hinweist. Bereits 2021 kam Adrian Roeske in seiner Analyse im Nachgang zur Corona-Pandemie zu dem Schluss, dass im Zuge voranschreitender Datafizierung und Learning Analytics eine Reproduktion sozialer Ungleichheiten in Schule und Sozialarbeit erfolgt, was letztlich der Arbeitsweise von Algorithmen entspräche, wie es Heidrun Allert (2020) pointiert (hierzu mehr ▶ Kap. 6 und ▶ Kap. 7).

Die Wiederkehr einer besonderen Spielart technisierter Pädagogik scheint mir noch erwähnenswert, nämlich: der Kybernetik. Diese Steuerungstechnik (*kybernetes* bedeutet im Griechischen Steuermann) geht auf den US-amerikanischen Philosophen Norbert Wiener (1894–1964) zurück und wurde in den 1940er-Jahren erdacht. In den 1970ern erfolgte dann eine Adaption dieses Denkens in die Pädagogik in Form der von Felix von Cube (1927–2020) entwickelten *kybernetischen Didaktik*. Grundlegend ist die Idee, dass sich Unterricht und Lernen beliebig regulieren lassen, vergleichbar mit der Steuerung der Raumtemperatur über ein Thermostat. Das heißt, dass sich individuelle Prozesse wie das Lernen in Regelkreisen abbilden und optimieren lassen sollen. So wird zunächst ein Sollwert (das Lernziel) definiert, der über die Regler (Lehrkräfte, Erzieherinnen und Erzieher) gemessen und gesteuert wird, sodass die Regelgröße (Kinder, Jugendliche, Schülerinnen und Schüler) effizient zum Sollwert findet.

Was bedeutet das für das Verständnis von Pädagogik? Mit Aristoteles gesprochen (denken Sie an die Einleitung zurück): Praxis wird zu Poiesis, die Kunst der Vermittlung zur Technik der Instruktion. Ludwig Pongratz hat dies in seiner Dissertation über pädagogische Kybernetik bereits früh scharf und im Untertitel derer als »szientistische[] Verkürzung pädagogisch-anthropologischer Reflexion« (1978) kritisiert. Hatte Cubes Vorstoß nur begrenzte Reichweite in der Realisierung der damaligen Schullandschaft, so mag die Kybernetik in den letzten Jahren in Form der Bildungsverwaltung unter der Ägide des Neuen Steuerungsmodells (NSM) wiedergekommen sein, wie es Martin Karcher (2023) vermutet. Darunter zu verstehen ist ein Modell, das verstärkt die Zuteilung öffentlicher Mittel aufgrund des messbaren Outputs eines Bürgeramtes, einer Kfz-Zulassungsstelle oder eben einer Schule vorsieht; beliebige Einheiten des öffentlichen Dienstes demnach als Kostenstellen verstanden werden können. Damit erfolgt ein Umbruch von einer Input- zu einer Output-Steuerung, der auch im Bildungssystem zu vermerken ist (dazu mehr ▶ Kap. 9 und ▶ Kap. 10).

Wie bereits in diesen Schlaglichtern deutlich wird, ist eine mehrfache technische Transformation pädagogischer Praxis festzustellen: in materieller Hinsicht – z.B. durch den Einsatz von elektronischen Endgeräten und Apps in allen Altersstufen und Bildungsbereichen – und in immaterieller Hinsicht – durch die Sammlung und Nutzbarmachung von Daten aller Art –, aber eben auch in Sozialtechniken, die eine Massenbeschulung ermöglichen und weiterentwickeln. Dazu zählen bspw. die öffentliche Verwaltung von Bildung als staatliche Aufgabe, die Jahrgangsklasse als Organisationsprinzip von Schule (Caruso 2021), die Sitzordnung in Klassenräumen und die architektonische Gestaltung von Schulbauten für einen bestimmten pädagogischen Zweck – ganz im Sinne des Social Engineering (Buck 2015). Außerhalb der Schule sind das Sozialstaats- und Fürsorgeprinzip zu nennen (Böhnisch 1999), ohne die zahlreiche pädagogische Handlungsfelder der Sozial- und Sonderpädagogik, der Erwachsenen- und Altenbildung nicht existieren würden.

Inwiefern ist denn im Zuge der Digitalisierung von einer qualitativ *anderen* bzw. gesteigerten Technisierung zu sprechen, wenn sich historisch bereits zahlreiche Vorläufer finden lassen? Wie Daniel Martin Feige (2024) unterstreicht, sind Gegenstand und Modus menschlicher Praxis untrennbar miteinander verbunden, d. h. durch neue technische Möglichkeiten verändert sich unser Denken, gar die Sinngebung unseres Handelns. Mit anderen Worten, »das zentrale Charakteristikum der mit der Digitalisierung verbundenen Techniken ist, dass sie keine Techniken sind, die in der Praxis aufgehen, sondern die Praxis selbst im Rahmen einer digitalen Logik neufassen« (ebd., S. 36).

Für digitalisierende Techniken bedeutet das dann, dass wir unser Denken insofern technisieren, als wir unsere eigenen Handlungsmöglichkeiten von den Handlungsoptionen abhängig machen, die digitale Technik uns zur Verfügung stellt. Feige sieht gar eine Radikalisierung dessen aufkommen, was in der Kritischen Theorie als instrumentelle Vernunft verhandelt wird: ein Denken in Um-zu-Verhältnissen, von den Mitteln ausgehend und die Zwecke unserer Praxis vernachlässigend. Pädagogisch gewendet besteht die Gefahr technisierten Denkens in der Aberkennung unserer Praxis als einer, die ihre eigene Vorläufigkeit und Kontingenz zu Betriebsprämissen erhebt und zugleich die soziale Komplexität pädagogischer Situationen einschleift zugunsten technisch messbarer Größen wie Digitalisierungskompetenz oder Digital Literacy. Nicht mehr der bildende Umgang zur Erreichung von Mündigkeit steht dann im Mittelpunkt pädagogischen Handelns, sondern Technologien des Sozialen und des Selbst, was sich an der steigenden Popularität selbstorganisierten bzw. -gesteuerten Lernens als digitaler Zweckrationalität auszudrücken beginnt.

Der Berliner Philosoph Byung-Chul Han schlägt vor, von der Digitalisierung beeinflusstes Denken als optimistische Form neuer Zweckrationalisierung zu betrachten. Er schließt seine Gedanken an Jürgen Habermas' Theorie kommunikativen Handelns (Habermas 2022a) an, die das Zusammenleben moderner Gesellschaften dann als gesichert betrachtet, wenn ein Diskurs über Wahrheit und Geltung im Modus der Verständlichkeit angestrebt und idealerweise erreicht wird. Hans These lautet nun, dass genau diese Voraussetzungen im Zuge des ›Digital Turns‹ ausgesetzt sind, da digitale öffentliche Räume zu verschwinden drohen bzw. gar zerfallen (Han 2013, S. 7 ff). Damit vermutet er nichts Geringeres als eine Krise der deliberativen Demokratie, die direkt durch die Digitalisierung bedingt ist. Wie begründet und plausibilisiert er diese These?

Han basiert diese Vermutung auf der Beobachtung, dass das Internet und seine kommunikativen Angebote heute fast ausschließlich zur Produktion und Präsentation des Ich existieren, gleichsam als »Autopropaganda« (ebd.). Sie kennen dieses Phänomen vermutlich aus Ihrer Nutzung von Social Media: Man bleibt unter sich bzw. unter Gleichgesinnten, die Filterblasen als algorithmisches Produkt lassen Sie und mich Personen folgen und nicht Ideen oder Informationen, erst recht keinen widersprechenden. Hierin sieht Han eine radikale Differenz zu vorigen Massenmedien wie Zeitungen, die nicht nur in der Lage waren zu politisieren, sondern auch Dissens auszuhalten und Kontroversität einzuüben. Im Digitalen ginge das nicht mehr, weil es darin keine politische Masse mehr gäbe, sondern nur so etwas wie einen digitalen Schwarm als Ansammlung digitaler Egos ohne die öffentlich stattfindende Aushandlung von Differenz (mithin: Diskurs):

»Der heutige Digital Turn stellt Habermas' Theorie des kommunikativen Handelns radikal infrage. Auf Blogs und in den sozialen Medien, die heute den öffentlichen Raum bilden oder ersetzen, findet kein Diskurs statt. Sie bilden keine Öffentlichkeit. Die digitalen Medien sorgen dafür, dass die Gesellschaft immer ärmer an Diskurs wird. Sie behindern die Bildung einer Gemeinschaft im emphatischen Sinne« (ebd., S. 16 f).

In dieser genuin neuen Sozialform von Gesellschaft würde eine neue Form der Rationalität denkbar werden, die als präkommunikativ und prädiskursiv ausgewiesen ist. Was meint Han mit einer solchen Demokratie ohne bzw. vor Kommunikation? Ihm schweben Prozesse vor, die mathematisch bzw. algorithmisch »aus der Differenzsumme einzelner Willen den Allgemeinwillen [...] errechnen« (ebd., S. 21). Mit der weitreichenden Erfassung menschlichen Verhaltens in Form von Big Data würde die Möglichkeit geschaffen, Interessenausgleich zu schaffen, ohne dass sich einige Akteure mittels Eloquenz, Diskursmacht und Anbiederung an parteipolitische Handlungslogik hervortun und somit undemokratische Ungleichgewichte erzeugen. Eine solche *Digitale Demokratie* wäre geradezu abhängig von Technik (materiell wie ideologisch) und es steht zu beobachten, ob wir uns ihr in Zukunft annähern werden, oder ein gesellschaftliches Zurück fordern in eine Zeit, in der Meinungsbildung und politische Haltung kommunikativ und diskursiv erzeugt wird – und wie zumindest derzeit noch als schulische Praxis eingeübt wird.

Zusammenfassung des Kapitels: Unter dem Stichwort Technisierung können wir mindestens zwei Inhaltsdimensionen voneinander unterscheiden. Einerseits bedeutet sie den verstärkten Einsatz von (elektronischen, digitalen, vernetzten) Hilfsmitteln, Werkzeugen und Gegenständen, andererseits eine andere Form des Denkens über unsere prinzipiell nichttechnische Praxis im Modus der Zweckrationalität. Zur Technisierung zählt im Zuge der Digitalisierung die Sammlung, Aufbereitung und Nutzung großer Datenmengen. Es zeigt sich, dass das Versprechen erhöhter Effektivität/Effizienz durch Technisierung sich nicht immer empirisch nachweisen lässt, dafür aber Nebenwirkungen erzeugt werden, die sich auf pädagogische Professionen ebenso auswirken wie auf deren Adressaten.

Literaturempfehlungen zur weiterführenden Lektüre

- Bohlmann, Markus & Breil, Patrizia (2025). Postphenomenology and Technologies within Educational Settings. Lanham: Rowman & Littlefield.
- Karcher, Martin (2023). Kritik der kybernetischen Regierung im Bildungswesen. Weinheim: Beltz.
- Leineweber, Christian/Waldmann, Maximilian/Wunder, Maik (Hrsg.) (2023). Materialität – Digitalisierung – Bildung. Bad Heilbrunn: Klinkhardt. https://doi.org/10.35468/5979.
- Nordmann, Alfred (2024). Technikphilosophie zur Einführung. Hamburg: Junius.
- Schiefner-Rohs, Mandy/Hofhues, Sandra/Breiter, Andreas (Hrsg.) (2024). Datafizierung in der Bildung. Kritische Perspektiven auf digitale Vermessung in pädagogischen Kontexten. Bielefeld: transcript. https://doi.org/10.14361/9783839465820.

Reflexionsfragen zum zweiten Kapitel

1. Wie lässt sich die Differenz pädagogischer Praxis von einer technischen präzisieren? Worin äußert sich pädagogische Urteilskraft in Abgrenzung von technisch getroffenen Entscheidungen?
2. Bereits vor der Digitalisierung wurden pädagogisch relevante Daten über Klausurnoten und Abiturpunktzahlen, über Fehlzeiten usf. gesammelt. Worin besteht die qualitative Differenz zur heutigen Situation?
3. Welche Folgen könnte es a) für die Praxis und b) für die Wissenschaft nach sich ziehen, wenn technisch motivierte Versprechen der Digitalisierung sich nicht empirisch bewahrheiten?

4. Inwiefern lässt sich plausibel behaupten, dass Technisierung heute zuerst Quantifizierung bedeutet?
5. Welches Wissenschaftsverständnis zeigt sich, wenn Pongratz die Kybernetik als szientistische Verkürzung beschreibt? Ist seine Kritik ein Plädoyer für weniger Wissenschaftlichkeit?

3 Mediatisierung

Lassen Sie uns das dritte Kapitel mit einer Enttäuschung beginnen: Entgegen häufiger Wiederholungen hat sich die Mediennutzung von Kindern und Jugendlichen nicht in dem Maße gewandelt, wie es häufig relativ drastisch dargestellt und verhandelt wird. Das heißt: Es werden noch immer Bücher gelesen – das Leseverhalten liegt gar über dem der vergangenen fünf Jahre –, Jugendliche interessieren sich durchaus für das politische Weltgeschehen (und nicht nur für deren Bedürfnis nach Unterhaltung) und hinsichtlich negativer Auswirkungen des Internetgebrauchs wie Mobbing oder der Gefahr von Fake News liegt ebenfalls ein differenziertes Bewusstsein vor (MPFS 2024). Welche empirischen Studien muss man kennen, damit man sicher solche Behauptungen zum (veränderten bzw. konstanten) Mediengebrauch treffen kann? Die hier genannten Erkenntnisse stammen aus der *JIM-Studie* 2024. JIM steht für Jugend, Information, Medien; die Studie wird jährlich vom Medienpädagogischen Forschungsverbund Südwest durchgeführt und wird auf deren Webseite https://mpfs.de veröffentlicht. Sie erfasst, welche Medien wie genutzt werden und verändert die abgefragten Items im Zuge der voranschreitenden Mediatisierung (etwa zur Nutzung von KI). Während die JIM-Studie das Nutzungsverhalten 12- bis 19-Jähriger untersucht, widmet sich die *KIM-Studie* (Kindheit, Internet, Medien) der Zielgruppe der 6- bis 13-Jährigen. Inzwischen gibt es gar die sogenannte miniKIM-Studie, die Kleinkinder im Alter von zwei bis fünf Jahren und deren Mediennutzung in den Blick nimmt.

Es steht außer Frage, dass bei insgesamt zunehmender Vernetzung und Mediennutzung es pädagogische Aufgabe sein muss, dafür zu sorgen, einen sicheren Umgang mit ihnen zu ermöglichen. So sehen es auch Jugendliche, die im Rahmen der 5. *SINUS-Jugendstudie* 2024 befragt wurden. Laut ihnen sind Soziale Medien zum wichtigsten Informations- und Kommunikationsmittel avanciert, zugleich liegt ein erhöhtes Bewusstsein für das Manipulationspotential durch diese vor (Calmbach et al. 2024). Die Studie, die unter dem Titel *Wie ticken Jugendliche?* im Vier-Jahres-Rhythmus durchgeführt und via Bundeszentrale für Politische Bildung zugänglich ist, beleuchtet die Lebenswelt Jugendlicher im Alter von 14 bis 17 Jahren allgemein, Medien spielen jedoch erwartungsgemäß eine vergleichsweise große Rolle darin. Gleiches gilt für die im ähnlichen Abstand und seit 1953 (!) erscheinende Shell-Jugendstudie (zuletzt: Albert/Quenzel/de Moll 2024), die aus jugendsoziologischem Interesse Differenzierungen, Konfliktfelder, Wertorientierungen, aber eben auch Mediennutzung Jugendlicher abfragt.

Zwischen den Studien gibt es relative Einigkeit über Dauer und Nutzung digitaler Medien durch Kinder und Jugendliche, damit also unserer größten pädagogischen Zielgruppe. Medienpädagogisch stellt sich dann die Frage, wie man einen produktiven Umgang damit erreicht, sodass die Mediennutzung mindestens nicht pädagogischen Zielen entgegensteht (Mündigkeit), idealerweise gar einen Beitrag zu ihnen liefert. Dabei werden immer wieder normative Setzungen vorgenommen, die nicht immer (gut) begründet sind. So finden Sie auch radikale (bewahrpädagogische) Positionen im Diskurs, die die voranschreitende Mediatisierung harsch kritisieren, etwa wie es der US-amerikanische Medienwissenschaftler Neil Postman (1931–2003) in seiner Monographie mit dem vielsagenden Titel *Das Verschwinden der Kindheit* (Postman 1987) tat. Seine Hauptthese lautet, dass durch das Aufkommen des Fernsehens keine Differenz zwischen Kinder- und Erwachsenenwelt aufrechterhalten lässt, die nur durch das Lesenkönnen überwunden werden konnte. Das Fernsehen hingegen würde Kinder der Erwachsenenwelt in bestimmter ästhetischer Hinsicht aussetzen (▶ Kap. 12), ohne dass Kinder kognitiv mit den dort behandelten Themen umgehen könnten. Andererseits stellt sich die Frage, ob die Rubrizierung einer ganzen Generation als »Digital Natives«, wie sie etwa Heinz Moser in seiner *Einführung in die Medienpädagogik* (2019) vornimmt, einen ähnlichen unzulässigen normativen Übergriff darstellt. Woraus, fragt man sich, leitet sich die Annahme ab, dass Kinder und Jugendliche ständig und überall mit digitalen Medien umgehen *wollen* oder es auch nur adäquat *können*, nur weil sie während ihres Aufwachsens mit ihnen sozialisiert wurden?[15] Die Differenz zwischen Nutzenkönnen und Verstehenkönnen scheint hier vorschnell eingeebnet zu werden. Laut der Auswertung der letzten ICILS-Daten aus Deutschland sind die IT-Fähigkeiten von Achtklässlern tatsächlich deutlich rückläufig (Eickelmann et al. 2023).[16] Etwa 40 % der befragten Achtklässler konnten laut der Paderborner Bildungsforscherin und Schulpädagogik-Professorin Birgit Eickelmann »auf dem Tablet nicht mehr als klicken und wischen«, was »die Stabilität unserer demokratischen Gesellschaft« (Anders 2024) gefährde, weil weder eine Teilnahme am Arbeitsleben möglich sei, noch eine nennenswerte Widerstandskraft gegen Fake News vorläge.

Prüfen Sie das hier skizzierte Normativitätsproblem einmal, indem Sie verschiedene Ratgeber, Internetforen oder andere Quellen daraufhin lesen, wie viel Bildschirmzeit bspw. Jugendlichen empfohlen wird. Sie werden sehen: Es herrscht eine relative Uneinigkeit darüber. Diese normativen Fragen sind ein Teil medienpädagogischer Forschung und es ist ausgesprochen erfreulich, dass eine Zunahme theoriebasierter Zugänge darin zu vermelden ist (etwa in der Frage danach, wie mediale Veränderungen pädagogisch-anthropologische Normen beeinflussen), wenngleich ein handlungspraktisches Erkenntnisinteresse meist medienpädagogische Fragestellungen dominiert. Häufig fragt die empirisch ausgerichtete Medienpädagogik etwa nach Chancen und Grenzen digitaler Bildung

---

15 Davon unberührt ist die Debatte nach den unsäglichen, dichotomen Beschreibungen als »digital natives« und »digital migrants« (!), die an dieser Stelle nicht entfaltet werden soll (Willatt & Flores 2022, S. 23 ff).

16 ICILS steht für International Computer and Information Literacy Study und ist, ähnlich wie PISA, als großformatige internationale Vergleichsstudie angelegt. Sie wird im fünfjährigen Rhythmus durchgeführt. Im letzten Durchgang haben 35 Länder daran teilgenommen. Weitere Informationen, internationale Vergleiche usf. finden Sie auf der Projektseite des koordinierenden Forschungsinstituts IEA: https://www.iea.nl/studies/iea/icils/2023.

(McElvany et al. 2024) oder digitaler Medien für einen Zweck X, zum Beispiel für personalisiertes Lernen (Schaumburg 2024). Auch wenn wir in dieser Einführung diesem Erkenntnisinteresse nicht folgen, ist es für Sie wichtig zu wissen, dass Sie derart Fragestellungen dort vielfältig bearbeitet finden. Allerdings sind die empirischen Funde medienpädagogischer Forschung nicht immer eindeutig, häufig gar ambivalent. Hierin zeigt sich eine zentrale Schwierigkeit der Medienpädagogik, von der im Zuge sich rasch verändernder Medienumwelten handlungsleitende und somit eindeutige Empfehlungen erwartet werden.

Die Theoretisierung der Konzepte der Medienkompetenz und Medienbildung ist eine Antwort auf diese Erwartung, wie sie von Eltern, Lehrkräften, der Gesellschaft im Allgemeinen formuliert wird. Sie stellt aus allgemeinpädagogischer Sicht eine reizvolle Unternehmung dar, da sie sich zum Normativitätsproblem verhalten muss. Mit anderen Worten: welche Ziele und Methoden zu deren Erreichung werden in den jeweiligen Konzeptionen formuliert, wie wird *gute* Medienpädagogik gegenüber schlechter abgegrenzt, versteht sich Medienkompetenz oder Medienbildung als dem Individuum anhaftende Eigenschaft oder ist sie einer sozialen Praxis eingelagert? Und weiter: welche Menschenbilder werden in Modellen der Medienkompetenz und -bildung vorausgesetzt und wie verändern sie sich vor dem Hintergrund der Digitalisierung?[17] Schließlich: welchem medientheoretischen Leitbild vom Verhältnis Medien–Kultur–Gesellschaft–Individuum folgt das jeweilige Modell?

Bevor wir uns den Konzepten der Medienkompetenz und -bildung nähern, lohnt sich eine Vergegenwärtigung einer semantischen Dimension des Medienbegriffs. Medien stehen wortwörtlich zwischen mir und den Anderen bzw. dem Anderen, d.h. sie können entweder verbindendes, vermittelndes Element sein oder das Gegenteil. Me-

---

17 Als Annäherung an die Differenz unterschiedlicher allgemeinpädagogischer Theorien (etwa der Bildung, der Erziehung, des Lernens, der Entwicklung) halte ich die drei Kriterien Anthropologie, Teleologie und Methodologie für ausgesprochen produktiv.

dien können den Blick auf die Welt verstellen oder verunmöglichen, indem sie diese nicht *re-präsentieren*, sondern selbst performativ wirken (dazu mehr ▶ Kap. 11 und ▶ Kap. 12). Klaus Pranges Zeigetheorie paraphrasierend: mit jedem Zeigen ist stets auch ein Verbergen dessen verbunden, was ich (bewusst oder unbewusst) nicht zeige. Auf den kanadischen Kommunikationstheoretiker Marshall McLuhan geht der Ausspruch »The medium is the message« (McLuhan 1964, S. 8) zurück, der auf genau diese Notwendigkeit verweist, Bedeutung und Sinn im Medium selbst zu suchen. Der Inhalt diene ggf. dazu, uns vom Nachdenken über das Medium und wie es zwischenmenschliche Relationen verändert, abzulenken. Ein Medium, so ein weiterer Einwurf McLuhans, weise darüber hinaus einen egalisierenden Effekt auf: Der Umgang mit durch ein bestimmtes Medium vermittelten Inhalten wird harmonisiert, um die Leseerfahrung für alle nahezu identisch zu machen.

Medienkompetenz und Medienbildung sollen dem Umstand der Nichtreflexion abhelfen. Wie der Magdeburger Medienpädagogikprofessor Stefan Iske (2023) betont, handelt es sich um zwei unterschiedliche wissenschaftliche Perspektiven, die in paralleler Form fortgeschrieben werden.[18] Das Konzept der Medienkompetenz zielt dabei auf einen Umgang mit Medien in produktiver Hinsicht, d. h. im Einklang mit der eigenen Lebensführung, pädagogischen Zielen usw. Auf den Bielefelder Medienpädagogen Dieter Baacke (1934–1999) zurückgehend, differenziert Iske vier Teilaspekte von Medienkompetenz: Medienkritik, Medienkunde, Mediennutzung und Mediengestaltung. Vor allem der letzte Aspekt ist in den vergangenen Jahren wichtiger geworden, da neue Medien weniger unidirektional funktionieren, als vielmehr auf aktives Engagement der Adressaten mit dem präsentierten Inhalt abzielen. Dieses erstreckt sich von

---

18 Sehr wohl gab es auch Konzepte, die unter dem Titel der *Medienerziehung* operieren, wenngleich der Begriff ›aus der Mode gekommen‹ ist. Süss, Lampert und Trültzsch-Wijnen (2010) explizieren in ihrer Einführung fünf Modi der Medienerziehung: Bewahren, Reparieren, Aufklären, Reflektieren sowie Handeln/Partizipieren.

einfachen Reaktionen (Likes, Herzchen) über Kommentare bis zu Mikrotransaktionen und Abonnements von Videokanälen und der Erstellung von Videos im Unterricht. Medienbildung hingegen (Bettinger & Jörissen 2021) fokussiert stärker darauf, ob, wie und inwiefern der Umgang mit Medien veränderte Selbst-, Sozial- und Weltverhältnisse hervorbringt. Die Digitalisierung der Bildung scheint insofern eine Steigerung des Bisherigen darzustellen, als sie die Quasi-Allgegenwart von Medien vorantreibt.

Der Medienbildungsbegriff wurde bereits vor einem Vierteljahrhundert diskutiert (exemplarisch: Meder 2000) und geht in der hier zu erörternden Form auf Benjamin Jörissen und Winfried Marotzki (2009) zurück. Sie heben hervor, dass Bildungsprozesse grundsätzlich medial vermittelt seien. Denken Sie bspw. daran, wie in unserer Gesellschaft nahezu sämtliche Informationen schriftlich vermittelt sind, ein funktionaler Analphabetismus demnach die Verunmöglichung von zahlreichen Bildungsprozessen nach sich zieht. Folglich fragen Marotzki, Jörissen und alle Weiteren, die sich diesem Forschungsparadigma verpflichten, nach den strukturellen Bedingungen (digitaler) Medien: Welche symbolischen und semiotischen Formen der Vermittlung liegen vor, welche Ausdrucksmöglichkeiten werden dem sich bildenden Subjekt ermöglicht oder zugesprochen, welche bleiben verwehrt? Welche materielle Eigenheit ist dem Medium eingeschrieben, wie verhalte ich mich leiblich zu ihm? Der Vorteil in einer solchen Reflexion liegt dann darin, das eigene Weltbild zu dezentrieren und irritieren, zu erweitern oder zu korrigieren. Mit anderen Worten: wer sich nicht nur mit, sondern auch an Medien bildet, erweitert seinen und ihren Horizont. Im Gegensatz zu Kompetenzmodellen sind bildende Prozesse nicht auf eine bestimmte Fähigkeit hin ausgerichtet, sondern prinzipiell zukunftsoffen und unbestimmt. Mit dieser Kontingenz umzugehen, ist generell Teil von Bildungsprozessen, mag aber im Medium des Digitalen eine besondere Leistung Heranwachsender abverlangen, denkt man an die immersive Kraft digitaler Medien. Das heißt: das Konzept der Medienbildung erlaubt uns eine bildungstheoretisch fundierte Analyse der »Potenziale, Herausforderungen und Risiken von Medien« (Iske 2023) zugunsten möglicher pädagogischer Handlungsoptionen und Antworten auf aktuelle und zukünftige Herausforderungen.[19]

Besonders in schulischen Handlungsfeldern, aber auch außerhalb, stellen sich im Zuge der Mediatisierung neue Fragen hinsichtlich der Transformation von Bildungsmedien. Der Hamburger Erziehungswissenschaftler Thomas Höhne (2015) warnt vor der Reproduktion von Bildungsungleichheit im Zuge der Digitalisierung von Bildungsmedien (siehe auch Kapitel 6) und beobachtet verschiedene Grenzverschiebungen im Zuge dieser Transformation. Mit neuen Medien verbundene Konsummuster der »kurzfristige[n] Befriedigung, flüchtige[n] Aufmerksamkeit, Trial-Error-Aktivitäten, assoziative[n] Verknüpfungen und Erlebnisorientierung« (ebd., S. 14) drohen in den *Schülerhabitus* (Helsper/Kramer/Thiersch 2014) einzufließen. Zugleich wächst – das ist relativ erwartbar – der Markt für digitale Bildungsmedien in beträchtlichem Maße. Nur auf den ersten Blick gibt es dazu eine Gegenbewegung in Form kostenfrei bereitgestellter Lehr-/Lernmittel, der *Open Education Resources* (OER). Open bedeutet jedenfalls keinesfalls neutral. So gibt es etwa keine Qualitätssicherung, die einen politischen Einfluss, etwa durch wirtschaftsnahe Verbände und deren Bereitstellung von Lehrmaterial markiert oder gar verhindert (siehe auch Kapitel 9), von der fachlich-didaktischen Qualität des Dargebotenen ganz abgesehen. Standen zuvor Schulbuchverlage mit ihrem guten Namen für einen bestimmten Qualitätsanspruch, ist dieser in OERs ersatzlos gestrichen.

---

19 Welche bildungspolitischen Handlungsempfehlungen daraus abgeleitet werden, sind jedoch häufig unabhängig wissenschaftlicher, oft ambivalent bleibender Erkenntnisse. Denken Sie etwa daran, dass in einigen Bundesländern in Deutschland der »Innovationspathos von Digitalisierung und Schule« (Bach 2023, S. 25) floriert, während in Frankreich seit 2018 ein Handyverbot für Schülerinnen und Schüler unter 15 Jahren gilt, inzwischen sogar in den Pausenzeiten. Im Februar 2025 wurde bekannt, dass auch Dänemark eine ähnliche Regelung für die *folkeskoler* (Vorschule bis 9./10. Klasse) einführt.

3 Mediatisierung

Auch weisen Eik Gädeke und Sandra Hofhues (2024) darauf hin, dass die Durchsetzung von OERs zwar politisch gewollt ist, zugleich aber »subjektive Ressourcen bei der Gestaltung, Distribution und Etablierung von OER-Materialien zum Einsatz kommen, die Wertschöpfungsstrategien der Unternehmen noch weiter begünstigen« (ebd., S. 351). Der normativen Vereinnahmung der Idee der *Openness* sei demnach nur schwer zu entgehen und wieder läge es an uns, eine fallweise Beurteilung des Vorliegenden vorzunehmen.

Ein jeweils genauer Blick auf Urheberschaft und Inhalt von Bildungsmedien ist also geboten, um einer pädagogischen bzw. mediendidaktischen Verantwortung angemessen nachzukommen. An der Universität Augsburg wurde ein Instrument entwickelt, um Bildungsmedien auf ihre Eignung zu prüfen (Fey & Matthes 2017). Dieses *Augsburger Analyse- und Evaluationsraster* (AAER) können Sie selbst online zur Evaluation nutzen: https://aaer.digillab.uni-augsburg.de. Es steht damit in bester Tradition Wolfgang Klafkis, der mit Hilfe der *didaktischen Analyse* bereits den »Kern der Unterrichtsvorbereitung« (Klafki 1958) methodisiert hat. Im Zuge des Voranschreitens generativer KI (▶ Kap. 11) wird diese Aufgabe vermutlich zunehmend wichtiger.

Auch stellt sich die Frage, ob eine didaktische Annäherung an die veränderten medialen Rezeptionsmodi von Kindern und Jugendlichen zwangsläufig nach sich zieht oder es weiterhin Aufgabe der Schule sein soll, Praktiken einzuüben, die nicht der alltäglichen Lebenswelt entsprechen. Derzeit herrscht geradezu eine Digitalisierungseuphorie, die solche schulpädagogischen Einwände schnell als hinderlich verwirft.

Zusammenfassung des dritten Kapitels: Unter dem Transformationsbegriff Mediatisierung fassen wir eine veränderte Präsenz von Medien und ihrem Rezeptionsmodus im Zuge der Digitalisierung. Darunter verstehen wir nicht zwangsläufig eine erhöhte Mediennutzung im diachronen oder generationalen Vergleich, sondern eine qualitativ andere Form der Nutzung als noch vor zehn oder zwanzig Jahren. Die Medienpädagogik und -didaktik befasst sich nicht nur mit der Beschreibung dieser Veränderung, sondern erforscht auch

Möglichkeiten, nachfolgende Generationen kompetent oder gar bildend mit Medien umgehen zu lassen. Inzwischen kommen kritische Einwände bzgl. unerwünschter Nebenwirkungen digitaler Medien stärker in den Fokus der Forschung und pädagogischen Praxis.

> **Literaturempfehlungen zur weiterführenden Lektüre**
>
> - Hartong, Sigrid & Renz, André (Hrsg.) (2024). Digitale Lerntechnologien. Von der Mystifizierung zur reflektierten Gestaltung von EdTech. Bielefeld: transcript. https://doi.org/10.14361/9783839468937.
> - Jörissen, Benjamin & Marotzki, Winfried (2009). Medienbildung – Eine Einführung. Bad Heilbrunn: Klinkhardt/UTB.
> - Schaumburg, Heike & Prasse, Doreen (2019). Medien und Schule. Theorie – Forschung – Praxis. Bad Heilbrunn: Klinkhardt/UTB.
> - Süss, Daniel/Lampert, Claudia/Trültzsch-Wijnen, Christine W. (2018). Medienpädagogik. Ein Studienbuch zur Einführung. Wiesbaden: Springer VS. https://doi.org/10.1007/978-3-658-19824-4.
> - Die Zeitschriften *MedienPädagogik*, *medienimpulse* und *merz | medien + erziehung* behandeln aktuelle medienpädagogische Diskurse in großer Themenvielfalt: https://www.medienpaed.com/, https://journals.univie.ac.at/index.php/mp/ und https://www.merz-zeitschrift.de/.

Reflexionsfragen zum dritten Kapitel

1. Warum ist eine empirisch gesättigte Kenntnis um tatsächliche Mediengewohnheiten von Kindern und Jugendlichen unerlässlich?

2. Was verstehen unterschiedliche Studien und Forschungsdesigns unter einem kompetenten Umgang mit Medien? Welche Unterschiede gibt es?
3. Inwiefern lässt sich McLuhans prägnanter Ausspruch »The medium is the message« auf soziale Medien beziehen und deren Potential der Verbindung oder Verhinderung? Worin liegt die qualitative Differenz zu vorigen Medien? Waren diese nicht sozial?
4. Wie lassen sich Medienkompetenz und Medienbildung jeweils in einen systematischen Zusammenhang mit folgenden Grundbegriffen bringen: Schule, Unterricht, Lernen, außerschulische Lernorte, Mündigkeit, Sozialisation?
5. Warum sollten wir uns erziehungswissenschaftlich mit Bildungsmedien und ihrer Transformation im Zuge der Digitalisierung beschäftigen?

4 Gamification

Eine zentrale Facette der voranschreitenden Digitalisierung der Bildung ist seit einigen Jahren die Überführung pädagogischer Praxis in eine solche des Spiels. Vielleicht haben Sie selbst schon lebensweltliche Erfahrungen damit gemacht, zum Beispiel über Sprachlernapps wie Duolingo, die mit Leveln, Erfahrungspunkten, Goldmünzen, Edelsteinen und dergleichen mehr operieren; über Ranking- und Highscore-Listen als Anreiz für das Sauberhalten der Wohngruppe oder die Erreichung höherer Punktzahlen in Prüfungen.

Was im Allgemeinen unter Gamification verstanden wird, ist die aus Spielen stammende Einführung von Methoden, Modellen, Designprinzipien, Mechaniken und Interaktionsmöglichkeiten – Erfahrungspunkte, Highscore-Listen, virtuelle Währungen usw. – in Kontexten, die (bisher) Nicht-Spiel sind (Deterding et al. 2011). Das ist deswegen bemerkenswert, weil wir vom niederländischen Kulturhistoriker Johan Huizinga (1872–1945) wissen, dass es keine uns bekannte menschliche Kultur gab, in der nicht gespielt wurde, unsere sozialen Teilsysteme gar aus dem Spiel hervorgingen. Er hat dies in seiner heute noch immer lesenswerten Studie *Homo ludens* (der spielende Mensch) bereits 1938 rekonstruiert. Darin arbeitet er fünf Merkmale heraus, die für das Spiel konstitutiv sind: die freiwillige Teilnahme daran, die raumzeitliche Begrenzung des Spiels, die freiwillige Unterwerfung unter gemeinsame Spielregeln, die Zielsetzung des Spiels in sich selbst und das Erleben von Alterität zum Alltag, meist in spannender, aufregender Art (Huizinga 2004).

Über die Zeit wurden gesellschaftliche Praxen sukzessive entspielt, übrig blieben deren Regel- und Sanktionssysteme. Seit einiger Zeit – und meine These ist: stark beschleunigt im Zuge der Digitalisierung – kommt es zu einer Wiederkehr der Gamification.[20] Dabei gab es bereits lange vor der Prägung dieses Begriffs kurz nach der Jahrtausendwende vor-digitale Praktiken der Ludifizierung, worauf uns der österreichische Medienforscher Mathias Fuchs (2014) hinweist.[21] So hat beispielsweise der Laienprediger Gerhard Tersteegen im 18. Jahrhundert ein Spiel aus 365 Karten mit religiösen Sinnsprüchen kreiert (*Der Frommen Lotterie*), zum Missfallen anderer gläubiger Zeitgenossen wohlgemerkt. Es sind gar im 16. Jahrhundert noch vor Bücherverbrennungen öffentliche Spieleverbrennungen zwecks Verhinderung der Sünde des Spiels bezeugt. Zugleich war in unterschiedlichen Bereichen menschlicher Praxis eine voranschreitende Entwicklung von Spielen zu bemerken, sei es in künstlerischer Hinsicht zur Zerstreuung, sei es zur Simulation kriegerischer Auseinandersetzungen. Als Prototyp für Letzteres gilt das vom preußischen Soldaten Bernhard von Reißwitz zu Beginn des 19. Jahrhunderts entwickelte *Kriegsspiel*, aus dem bis heute zahlreiche Simulationen hervorgegangen sind. In jedem Fall hat sich Verbreitung von Spielmechaniken und -metaphern in allen gesellschaftlichen Bereichen stark beschleunigt, vermutlich durch den Anstieg des Wohlstands nach dem Zweiten Weltkrieg und die dadurch freiwerdende Zeit sowie im Zuge der Elektrifizierung und Informatisierung unserer Kultur. Wie Niklas Schrape (2014, S. 31) für die gegenwärtige Situation notiert: »Gamification is a symptom of our contemporary society in which every aspect is being captured and processed by computers and digital networks.«

---

20 Der englische Sprachgebrauch in diesem Kapitel ist kein zufälliger. Über die Differenz Game (regelgeleitetes Spiel) und Play (als spontanes, freies Spiel) erfolgt eine Präzisierung dessen, was im deutschen Sprachgebrauch gemeinsam unter dem Begriff des Spiels verhandelt wird.
21 Hierin liegt der Grund, warum das Kapitel nicht mit *Ludifizierung* überschrieben ist, trotz der offensichtlich besseren Passung zu den weiteren Überschriften. Gamification dient uns als Benennung einer rezenten, eng mit der Digitalisierung verbundenen Entwicklung.

Als Katalysatoren für diese Entwicklung gelten zwei Bücher, die in relativ nahem Abstand zueinander veröffentlicht wurden und Gamification als Designprinzip populär machten: Gabe Zichmanns und Christopher Cunninghams *Gamification by Design* (2011) und Jane McGonigals *Reality Is Broken* (2011). In beiden wird mit Hilfe psychologischer Topoi wie Motivation und Selbstwirksamkeit für eine Implementation von Gamification in wirtschaftlichen und anderen Feldern geworben. Es stellt sich aus unserer Perspektive die Frage, wie eine solche Transformation pädagogischer Praxis Auswirkungen auf uns (als professionell Handelnde), auf unsere Adressaten, auf Institutionen und Organisationen pädagogischer Art nach sich zieht.

An anderer Stelle (Buck 2017) habe ich eine deutliche Kritik an der Gamification von Unterricht vorgenommen und auf die Gefahren für pädagogische Praxis und Professionen hingewiesen. Mit Huizinga habe ich argumentiert, dass die Merkmale des Spiels sich grundlegend von Merkmalen des Pädagogischen unterscheiden. Zu letzteren gehören bspw. eine vage Zielbestimmung (Bildung, Mündigkeit) und offene Zeitstruktur, die sich einem zweckrationalen Denken, wie es gamifizierten Umgebungen eingelassen ist, entzieht. In der Umdeutung von Kindern, Jugendlichen und allen anderen Adressaten der Gamification vollzieht sich zugleich eine Unterminierung pädagogischer Eigenlogik. Die grundlegende Kontingenz unserer Praxis wird ignoriert zugunsten einer prädeterminierten Selektion von Lernwegen.

Dabei bedient sich Gamification eines Argumentes, das sich in der allseitigen Schulkritik in Elternforen, Talkshows, auf Spielplätzen usw. wiederfindet, nämlich: der Lebensweltnähe, die Spiele herzustellen vermögen, was der Schule nur selten gelingt. Dieses Argument ist eines, das m. E. ein reformpädagogisches Topos wiederbelebt und zugleich ein differentes Verständnis von Schule offenbart. So schrieb ich damals:

> »Ein Merkmal von Schule liegt traditionell darin, nicht unmittelbar die Lebenswelt von Schülerinnen und Schülern zu spiegeln, sondern einen halböffentlichen Raum abzubilden, der zwischen dem Bekannten, Lebensweltli-

chen, Elterlichen und der ›echten Gesellschaft‹ liegt und so eine Erfahrungserweiterung eigener Art ermöglicht« (Buck 2017, S. 271).

In der Schule werden wir mit Inhalten und Praktiken konfrontiert, die vermutlich eher selten am heimischen Esstisch verhandelt werden, erst recht nicht systematisch. Es ist unwahrscheinlich, dass Sie zuhause im gleichen Maße mit dem Zitronensäurezyklus, den Punischen Kriegen, literarischen und mathematischen Parabeln konfrontiert werden, wie es in der Schule der Fall ist.[22] Diese Konfrontation mit dem Neuen ist zwangsläufig nicht spielerisch, weil sie uns zu Lern- und Bildungsprozessen auffordert und damit unseren bisherigen Erfahrungs- und Lernhorizont in Frage stellt. Das Lernen ist demnach zwangsläufig eine anstrengende, herausfordernde, manchmal gar schmerzhafte Erfahrung (Meyer-Drawe 2005, S. 28) und ganz und gar nicht mit der Erfahrung des Spielens zu vergleichen. In der Hochzeit der Reformpädagogik wurde mit genau diesem Argument eine Desavouierung öffentlicher Erziehung gerechtfertigt: Schule sei zu verkopft, zu abstrakt, unter Ausschluss der Natur als größtem denkbaren Lehrmeister (Oelkers 2005, S. 241ff).

Im Zuge der Gamification wird diese Kritik unausgesprochen referiert, Aktivität und Freude bei ihrer Nutzung hervorgehoben und in einen Gegensatz zum üblichen schulischen Geschehen gestellt. Dass pädagogische Praxis dabei einer anderen Funktionsweise und einem anderen Auftrag folgt als das Spiel, wird dabei unterschlagen. Zugleich vollzieht sich ein Re-Arrangement der sozialen Ordnung: Steht nicht mehr das gemeinsame Unterrichtsgespräch im Zentrum, sondern zunehmend die Interaktion mit dem Spiel/Lernprogramm, droht die Eigenschaft der Schule als Ort der Einübung unterschied-

---

22 Die griechische Wortherkunft der Schule (skholé) verweist auf die Auseinandersetzung mit nicht-lebensweltlichen Fragen außerhalb des familiären Umfeldes. Es ist geradezu und seit der Antike konstitutives Merkmal von Schule, *nicht* familiäre Lebenswelt zu sein.

licher Sozialformen zu verschwinden.[23] Das didaktische Dreieck Lehrer-Lernender-Gegenstand wird zumindest zeitweise ersetzt durch die Dyade Game-User. Mit anderen Worten: Das Soziale wird technisiert und mediatisiert.

Eine zentrale Spielmechanik ist dabei die Anhäufung von Erfahrungspunkten oder anderen Einheiten einer fiktiven Währung, die dann entweder einen Stufenaufstieg ermöglichen oder gegen reelle Vorteile eingetauscht werden können. Mit Miguel Zulaica bin ich genau dieser Frage nachgegangen, welche Auswirkungen Erfahrungspunkte auf pädagogische Praxis haben (Zulaica y Mugica & Buck 2023b). Wir haben herausgearbeitet, dass diese Mechanik, die gewiss nur einen Teil der Gamification ausmacht, der Aufrechterhaltung einer Erzählstruktur dient. Sie ermöglicht das Erzählen einer Geschichte, in der pädagogische Adressaten zu den (heldenhaften) Protagonisten dieser werden. Eine weitere begründete Vermutung besagt, dass Gamification das schulische Lernen mystifiziert. Das bedeutet, dass der Organisationsmythos der Einrichtung Schule insofern verändert wird, als Spiele den Spielenden ihren Ort, ihre (Lern-)Ziele und ihre Widersacher zuteilen, die ansonsten innerhalb des Sozialraumes unausgesprochen tradiert oder, im Idealfall, ausgehandelt werden. In Kürze: Es häufen sich Hinweise auf eine Transformation pädagogischer Sozialordnung, die sich unter Umgehung oder gar Verhinderung einer Diskussion der beteiligten Personengruppen vollzieht.

Wieso erlebt die Gamification dennoch einen großen Zuwachs an Popularität in pädagogischen Praxisfeldern? Zwei Vermutungen möchte ich hierzu zur Diskussion stellen: Erstens, dass Gamification eine Entlastung für Lehrkräfte in Aussicht stellt. Die Unterrichtsplanung, seine Vor- und Nachbereitung wird deutlich vereinfacht, wenn ich Teile meines Unterrichts an ein Programm delegieren kann. Besonders vor dem Hintergrund eines sich rasch verändern-

---

23 Wie häufig in der Wissenschaft gibt es auch hier widerstreitende Positionen. Die Wiener Professorin Iris Laner bspw. betont neue soziale Bande, die im gemeinsamen Spiel entstehen (Laner 2024).

den Professionsverständnis, steigendem Lehrdeputats usw. mag diese Aussicht reizvoll sein.[24] Zweitens versprechen Gamification-Anbieter eine höhere Motivation von Schülerinnen und Schülern, auch und vor allem in Auseinandersetzung mit schwer zu durchdringenden Gegenständen.

Das bringt uns zu der Frage, welche empirischen Funde zur Gamification in der Pädagogik vorliegen. Wie in vielen anderen Feldern der Digitalisierung sind die Funde ambivalenter Art. Ungeachtet der Fragwürdigkeit des Motivationskonzeptes ist bemerkenswert, dass Sailer et al. in ihrer allgemeinen, d.h. nicht auf das Lernen bezogenen Online-Studie (2016) nur für ausgewählte Gamification-Elemente einen Einfluss auf die Motivation der Probanden feststellten. In einer auf die Oberstufe und Hochschule bezogenen Studie haben Elias Ratinho und Cátia Martins (2023) in ihrer Metastudie erforscht, dass Gamification die Motivation Lernender erhöhen *kann*, zugleich aber auch die Gefahr ihres Niedergangs nach wenigen Wochen gegeben ist. Sie stellen die berechtigte Frage, ob sich ein möglicher Motivationsschub lediglich aus dem Novitätseffekt ableitet.

Aus der Perspektive pädagogischer Ethik stellt sich u.a. die Frage, ob Gamification als *Nudging* verstanden werden kann. Dieses Konzept geht auf Richard Thaler und Cass Sunstein (2008) zurück und beschreibt ein Anstupsen zu einer erwünschten Verhaltensänderung – Sie kennen vermutlich den Einsatz von Lebensmittelampeln in der Mensa oder Betriebskantinen, die Sie zu einer gesünderen Wahl Ihres Mittagessens bewegen sollen. Diese »benevolent strukturierte[n] Entscheidungsumwelten« (Drerup & Dessauer 2016) setzen

---

24 Eine weitere, zynische Vermutung wäre, dass heutige Lehrkräfte gerne die Rolle der *Lernbegleitung* oder des *Coaches* affirmieren, diese Fremdzuschreibung also dem mühsamen Geschäft der des erziehenden Unterrichts vorziehen. Das widerspricht allerdings meiner anekdotischen Erfahrung aus zahlreichen Gesprächen im Rahmen der Lehramtsausbildung. Viele Studierende sehen die De-Responsibilisierung ihres zukünftigen Berufes kritisch und möchten sehr wohl Verantwortung für Lern- und Bildungsprozesse Heranwachsender – sprich: Erziehung – wahrnehmen.

verhaltensökonomisch voraus, dass die Entscheidungsfindung eines Individuums eher zu dessen Wohl erfolgt, wenn eine Reduktion möglicher Handlungsoptionen erfolgt (ebd., S. 353 f). Sie kennen das wahrscheinlich aus dem Alltag: Stehen viele Optionen zur Wahl, verfällt man mitunter in eine Starre der Entscheidungslosigkeit; mitunter fällt einem sodann auf, dass man über die eigenen Präferenzen nicht aufgeklärt ist. Dieses Problem soll der libertäre Paternalismus – so heißt das Programm, in dessen Namen Nudging erfolgt – lösen. Paternalismus, darauf verweist Johannes Drerup an anderer Stelle (Drerup 2020), ist nicht mit einer Praxis des Zwangs oder der Überredung gleichzusetzen, sondern stellt in erster Linie ein Begründungsmodell für libertär-paternalistische Praxis dar, das Drerup zufolge gar als typisch für die pädagogische gilt.

Problematisch bleibt, dass Nudging an der pragmatischen Lösung eines Problems orientiert ist, weniger an einer grundlegenden Diskussion ethischer Probleme. Nun ließe sich einwenden, dass auch in der pädagogischen Praxis meist der Handlungsdruck überwiegt, in außerschulischen Praxisfeldern noch viel mehr als in der Schule. Dennoch darf die Möglichkeit der Diskussion von Voraussetzungen und Folgen unserer Handlungen nicht prinzipiell ausgeschlossen werden, wofür Nudging nicht in erster Linie zuständig ist. So erörtern Drerup und Dessauer (2019, S. 384 ff), dass Nudging nicht zwangsläufig als Manipulation verstanden werden kann – mindestens in programmatischer Hinsicht – und selbstverständlich ist auch Gamification nicht zwangsläufig eine Methode, die manipulativ vorgeht und in die soziale Vereinzelung führt.

Am Beispiel der Uber-App zeichnet Miguel Zulaica y Mugica (2024) nach, wie sich dort tätige Fahrerinnen und Fahrer solidarisch zeigen und sich gegenseitig dabei behilflich sind, die Spielregeln (erhöhte Fahrtentgelte zu Stoßzeiten etwa) zu ihrem Vorteil zu nutzen. Elementar dabei bleibt aber die Einsicht, dass Spiele inhärent agonal funktionieren, also jedem Spieler ein (unwirklicher) Gegenspieler gegenübergestellt wird. Als Problem kann jedenfalls angesehen werden, dass Gamification nicht den pädagogischen Zweck der Deliberation und Einsicht verfolgt, sondern die Umgehung des Gesprächs als pädagogisches Medium in Kauf nimmt, um ihre inhärenten Ziele wahrscheinlicher zu machen. Was bei Fahrtbeförderungsplattformen kein Problem darstellt, wird dann zu einem, wenn wir pädagogische gamifizierte Umgebungen betrachten.

Welche Lehren können wir aus unseren Beobachtungen ziehen? Gamification zeigt sich als ambivalentes Phänomen, dessen jeweils fallbezogene Bewertung ihres Einsatzes ihre Legitimität, ihren Nutzen, aber auch ihre Gefahren berücksichtigt, sei es in der Frühpädagogik, in der betrieblichen Weiterbildung, in der Schule usf. Besonders die Frage nach pädagogischen Interventionsmöglichkeiten und Zielen der Gamification sollte im Mittelpunkt stehen, soll diese nicht in einem Spannungsverhältnis zu pädagogischen Methoden und Zielen verharren. Nach derzeitigem Stand gibt es noch kein Instrument, mit Hilfe dessen eine solche Analyse und Bewertung durchgeführt werden kann, was der steigenden Beliebtheit von Gamification-Anwendungen in pädagogischen Kontexten keinen Abbruch tut.

Zusammenfassung des vierten Kapitels: Gamification beschreibt die mindestens partielle Transformation u. a. pädagogischer Praxis in eine des Spiels, was potentiell Konflikte bzgl. Methoden und Zielen nach sich zieht. Als Argument werden eine erhöhte Motivation wie auch die Lebensweltnähe bzw. Aktivität angeführt. Die empirische Forschung kann dieses Versprechen nicht konsequent als tatsächliche Wirkung nachweisen, zugleich gibt es begründete Vorbehalte bezüglich einer unzulässigen Überformung pädagogischer Praxis. Kontrovers bleibt die Frage, unter welchen Bedingungen Gamification als Nudging bzw. gar Manipulationstechnik begriffen werden kann.

Literaturempfehlungen zur weiterführenden Lektüre

- Biermann, Ralf/Fromme, Johannes/Kiefer, Florian (Hrsg.) (2023). Computerspielforschung: Interdisziplinäre Einblicke in

- das digitale Spiel und seine kulturelle Bedeutung. Opladen: Barbara Budrich. https://doi.org/10.3224/84742669.
- Dittmeyer, Moritz (2020). Der programmierte Mensch. Zur Idee der Ethik von Gamification. Paderborn: mentis.
- Feige, Daniel Martin/Ostritsch, Sebastian/Rautzenberg, Markus (Hrsg.) (2018). Philosophie des Computerspiels. Theorie – Praxis – Ästhetik. Stuttgart: J.B. Metzler.
- Raczkowski, Felix (2018). Digitalisierung des Spiels. Games, Gamification und Serious Games. Berlin: Kadmos.
- Spies, Thomas/Kurt, Seyda/Pötzsch, Holger (Hrsg.) (2024). Spiel*Kritik. Kritische Perspektiven auf Videospiele im Kapitalismus. Bielefeld: transcript. https://doi.org/10.14361/9783839467978.
- Weiß, Gabriele (2024). Ludifizierung und Gamification. Digitale Entgrenzung und Transformation des Spiels. Weinheim/Basel: Beltz Juventa.

Reflexionsfragen zum vierten Kapitel

1. Inwiefern kann Gamification als konsequente Fortführung einer Psychologisierung der Pädagogik verstanden werden? Was spricht dafür, was dagegen?
2. Wie lässt sich der Bruch mit Huizingas Merkmal des Spiels zum Selbstzweck an einem pädagogischen Beispiel veranschaulichen?
3. Unter welchen Bedingungen kann Gamification mehr als Manipulation denn als Erziehung verstanden werden? Wann ist diese Vertauschung auszuschließen?
4. Wie lässt sich Nudging von Erziehung unterscheiden? Aus welcher Position können beide konfliktfrei nebeneinander in der pädagogischen Praxis existieren?
5. Bedeutet eine Abkehr von Gamification, dass pädagogische Praxis zwangsläufig ohne spielerische Elemente auskommt?

5 Überwachung

Dass die Ansammlung von Daten in pädagogischen Einrichtungen, allen voran Schulen, negative Nebenfolgen nach sich ziehen kann, wusste man bereits in den späten 1970er-Jahren. Etwas später gab es bereits Handreichungen für Lehrkräfte zur Einhaltung des Datenschutzes im Umgang mit Schülerdaten und elektronischer Datenverarbeitung (exemplarisch: Gruber 1986).

Neben Datenschutzbedenken bestehen heute allerdings andere, die über die Rechte bzgl. informationeller Selbstbestimmung von Schutzbefohlenen hinausgehen. Damit angedeutet sind Praktiken der Monitoring und Überwachung von Klienten in der Sozialpädagogik, von Arbeitnehmern, von Schülerinnen und Schülern, von Studierenden. Möglich ist das durch die in den vergangenen Jahrzehnten drastisch gesunkenen Kosten für die Erhebung und Speicherung von Daten, die technische Entwicklung hinsichtlich der Personalisierung von Software und das weitgehende Fehlen einer Regulierung und Durchsetzung von Datenschutzmaßnahmen in pädagogischen Kontexten. Als die US-amerikanische Wirtschaftswissenschaftlerin Shoshana Zuboff im Jahre 2014 in einer Rede den Begriff des *Überwachungskapitalismus* prägte und einige Jahre später mit der zugehörigen Monographie (Zuboff 2018) weitreichende Bekanntheit erlangte, war in vielen Gesellschaften bereits lange ein System etabliert, das nicht auf Datensparsamkeit als Prinzip setzte, sondern auf ihr Gegenteil: die systematische Ansammlung großer Datenmengen (Big Data, ▶ Kap. 2).

Bevor wir auf Zuboffs spezifische Lesart einer datenbasierten Überwachung im Kapitalismus zurückkommen, treten wir einen Schritt zurück und gehen der Frage nach, welche historischen Wendungen dazu führen konnten, dass die professionsethischen Bedenken der 1980er-Jahre heute wie längst verklungene Kassandrarufe wirken. Dass die Praxis der Datensammlung inzwischen so verbreitet ist, ist jedenfalls Produkt einer kontinuierlichen Entwicklung hin zu einer Rückführung des Erhobenen zum Zwecke der Optimierung. Mit anderen Worten: wurden bisher einseitig Daten abgerufen, gesammelt und geordnet – zum Beispiel für den Wiederverkauf –, erfolgt nun auch der umgekehrte Weg. Aggregierte und personalisierte Daten werden benutzt, um bei Adressaten eine Verhaltensänderung bzw. -optimierung zu erwirken. Vermarktet wird diese Praxis häufig unter dem Versprechen der Individualisierung der Bildung sowie der Optimierung des Lernens und der Motivation dazu. In unserer Perspektive bedeutet sie jedoch eine abermalige Transformation von Kindern, Jugendlichen, Schülerinnen und Schülern zu *Kontrollsubjekten*, wie es Anke Redecker (2020) nennt. Mit der dauerhaften Datensammlung und ihrer Kontrolle gehe zugleich eine Vermischung von Privatheit und Öffentlichkeit sowie eine Verschiebung legitimer Erwartungen an angemessene Kommunikation einher. War es vor einigen Jahren noch üblich, in den Abendstunden, Wochenenden und Semesterferien nicht erreichbar zu sein, hat sich die ständige Erreichbarkeit normalisiert. Besonders pikant wird das, wenn bspw. Dozenten oder Lehrkräfte von ihrer Datenhoheit Gebrauch machen und bspw. im Learning Management System (LMS, z. B. Moodle, OLAT, Ilias) prüfen, wann der letzte Login erfolgt, wann welche Texte heruntergeladen wurden etc. Und anekdotisch hinzugefügt: Vielen meiner Studierenden ist dieses Gefälle im Zugang zu den Daten nicht bewusst, hier folgen vielversprechende Forschungszugänge in gleicher Weise wie die Notwendigkeit der Aufklärung darüber.[25]

---

[25] Während des Verfassens dieser Einführung erhielt ich eine E-Mail von einer Universität, an der ich tätig bin. Darin wurde der Support für die MS-Outlook-App für Android- und Apple-Smartphones eingestellt, weil diese Folgendes über Microsoft-Server leitet: Credentials (Accountname, Passwort), E-Mails der letzten vier Wochen, sämtliche Kalender- und Kontaktdaten, den Abwesenheitsstatus. Obschon Microsoft dies transparent macht (https://learn.microsoft.com/en-us/Exchange/clients/outlook-for-ios-and-android/use-basic-auth?view=exchserver-2019), darf bezweifelt werden, dass

Es entsteht so ein »Klima fremdbestimmter Selbststeuerung« (Zuboff 2018, S. 465), in dem die Betroffenen diese Form allseitiger Überwachung internalisieren. Aus der Fremdkontrolle wird Selbstkontrolle, die sich im Zuge der Digitalisierung schon lange nicht mehr auf pädagogische Einrichtungen beschränkt. Die Quantified-Self-Bewegung (QS) pointiert diese Form der Regierung durch Transparenz (Damberger & Iske 2017). Wer sich ihr anschließt, ist um die Erhebung maximaler Daten über sich selbst bemüht. So werden mittels Smartwatches und digitaler Körperwaagen Vitalfunktionen protokolliert, in Excel-Listen Essgewohnheiten und anderes festgehalten, Bewegungsprofile mit Hilfe des eigenen Smartphones erstellt. Auch wenn die QS-Anhängerschaft nur einen geringen Teil der Bevölkerung ausmacht, so steht sie symptomatisch für einen Mentalitätswandel in der Gesellschaft. Haben Parteien und Bürgerrechtsinitiativen in den 1980er-Jahren noch massiv und erfolgreich gegen die umfassende Volkszählung 1987 opponiert, ist die Preisgabe teils sehr persönlicher Informationen heute so alltäglich geworden, dass die Frage nach der juristischen Begründung und moralischen Legitimation häufig unter den Tisch fällt.[26]

Mein norwegischer Kollege Holger Pötzsch und ich sind der Frage nachgegangen, wie mit Daten von Schülerinnen und Schülern umgegangen wird (Pötzsch & Buck 2023). Unsere empirisch validierten Funde sind erschreckend: Weder gibt es in den meisten Bundesländern verbindliche Regelungen zu Datenflüssen, -veredelung und -veräußerung, noch ein »Problembewusstsein für Datenschutz und digitale Überwachung« (ebd., S. 399) bei Lehrkräften und Schulleitungen. Stattdessen wird zugunsten der politisch erwünschten und

---

sämtliche Bildungseinrichtungen darüber umfassend informiert sind und notwendige Maßnahmen ergreifen.
26 Große Teile des Protestes speisten sich aus der historischen Erfahrung. Während der Nazi-Herrschaft waren es penibel geführte Listen über Juden, Sinti und Roma, Homosexuelle wie auch viele andere sogenannte Unerwünschte (und die elektronische Datenverarbeitung mittels Lochkarten), die die industrielle Vernichtung von Menschen ermöglichten.

Entlastung versprechenden Digitalisierung in Kauf genommen, dass möglicherweise gar widerrechtlich Daten an Tech-Unternehmen fließen, die ihre Softwarelösungen, Clouds usw. in zunehmendem Grad an Bildungseinrichtungen vertreiben. Denken Sie bspw. an *Office 365* und *Azure*, an *SPSS, Citavi, MATLAB, SolidWorks, ArcGIS* usw. Der potentielle Abfluss von Userdaten an privatwirtschaftliche Akteure ist kein ganz junges Phänomen. In den Jahren 2004 bis 2008 hat die Bertelsmann-Stiftung im Rahmen der SEIS-Studie die bis dato größte Sammlung an Schülerdaten in Deutschland angehäuft, ohne dass öffentliche Stellen darauf Zugriff hätten oder gar Mitspracherecht über deren Verwendung (Höhne & Schreck 2009). Im Rahmen des sog. Bildungsmonitorings, zu dem internationale Vergleichsstudien (PISA, TIMMS, IGLU usw.) genauso gehören wie der Nationale Bildungsbericht und andere Initiativen, hat sich diese Praxis weitgehend normalisiert.

Welche Folgen hat diese Privatisierung und Monopolisierung von Daten in pädagogischen Kontexten vor dem Hintergrund digitaler Überwachung? Wer über diese Daten verfügt, kann sie nicht nur beliebig veredeln und gewinnbringend veräußern, sondern zugleich den Bildungsmedienmarkt steuern (▶ Kap. 3) und somit Kontrolle über eingesetzte Software, Bildungsmedien oder gar Curricula entfalten. Wer sollte auch in Frage stellen, dass etwa die Bertelsmann-Stiftung am besten darüber informiert ist, in welchen Klassenstufen die neueste Mathematik-Lernsoftware am effektivsten einzusetzen ist oder welche Schulen am ehesten Förderbedarf haben? Es ist relativ offensichtlich, dass die Ausmaße dieser Kontrolle weit über das Führen von Notenlisten und Jahrgangs-Vergleichsarbeiten hinausgeht.

Ein weiteres, eindrückliches Beispiel für digitalisierte Formen der Überwachung liefern die Hagener Erziehungswissenschaftler Maximilian Waldmann und Katharina Walgenbach (2020). Sie untersuchten Learning-Analytics-Dashboards, die in der Hochschullehre eingesetzt werden, um den Lernfortschritt von Studierenden zu überwachen. »Die dabei ausgewerteten Daten werden hauptsächlich in LMS der Hochschulen generiert: soziodemografische Daten, Login-Daten (Lerndauer, Lernhäufigkeit, Lernorte), Lernpfade, Teilnahme an Übungen, Beiträge zu Gruppenarbeiten, Interaktionsmuster, Nutzung von Dokumenten und Tools, Testergebnisse, Forenbeiträge, eingereichte Leistungen, Noten im Studienverlauf etc.« (ebd., S. 360). Als Rückmeldeinstrument kommen dort Ampelsysteme zum Einsatz, die über entsprechende Signale zeigen, ob der eigene Lernfortschritt im Kohortenvergleich angemessen ist, Verzögerungen vorliegen oder gar eine Intervention durch psychologische und andere Beratungsstellen nötig wird. An dem Beispiel zeigt sich, wie umgreifend und entgrenzend digitale Überwachung potentiell funktioniert: Es ist dann nicht mehr nur der Lernprozess, der einer Kontrolle unterliegt, sondern der ganze Mensch zu jeder Zeit, der auf seine Passung zum extern definierten Normalzustand geprüft und beurteilt wird. In postmoderner Logik lassen sich den vorher beschriebenen Techniken die Selbsttechniken hinzufügen, die eine Affirmation des Optimierungsimperativs bedeuten und sich im ›Mitspielen‹ zeigen (Schenk & Karcher 2018b). Zentral dafür ist die Foucault'sche Analyse des Panoptikums, also einer ursprünglich architektonischen Figur, die unser Verhalten schon deswegen manipuliert, weil wir jederzeit überwacht werden könnten. Folglich sprechen Waldmann und Walgenbach auch von einem *digitalen Panoptikum*.

Damit kommen wir zu Shoshana Zuboffs Gegenwartsanalyse (2018), auf die wir in diesem Kapitel als Kritik der Überwachung genauer eingehen (zum ökonomischen Aspekt ▸ Kap. 9). Zuboff zufolge ist im Zuge der Digitalisierung ein qualitativer Bruch der Datensammlung und der aus ihr abgeleiteten Überwachung zu bemerken, den sie wie folgt auf den Punkt bringt: Es werden nicht mehr nur oberflächliche User- und Metadaten zur Analyse und Steuerung menschlichen Verhaltens erhoben und ausgewertet, sondern zunehmend intimere Daten menschlicher Erfahrung.[27] Ein

---

27 Dass die Überwachung auch vordigitale Vorläufer hat, von »Abhörvorrichtungen in herrschaftlichen Palästen« über »Straßenlaternen, die unter Ludwig XVI. die Straßen Paris sicher machen sollten«, bis hin zu Videoka-

fiktives Beispiel dafür sähe so aus: im Sinne der großen Datensammler würde idealerweise nicht nur festgehalten, wie lange Sie für die Bearbeitung einer Klausuraufgabe benötigen, sondern auch, wie häufig Sie die Fragestellung lesen, welche Augenbewegungen dabei passieren und wie sich ihr Puls beim Lesen und Schreiben verändert. Zentral dafür ist, dass Sie diese Daten kostenlos bereitstellen (müssen) und der Eingriff in die Privatsphäre Ihrer eigenen Erfahrung stetig zunimmt. Zuboff nennt das den *Extraktionsimperativ*, also die Forderung nach immer mehr und genaueren Verhaltensdaten. Diesem steht dem *Vorhersageimperativ* zur Seite, der den Wettbewerb um bessere Voraussagen menschlichen Verhaltens markiert. Das heißt: Es geht den Datensammlern nicht nur um die erhobene Datenmenge, sondern auch deren Güte. Zuboffs These lautet, dass Tech-Unternehmen für diesen Zweck auf stetig intimere Daten angewiesen sind. Das Ziel dieser Bemühungen ist für Zuboff kein Geringeres als die Überführung der Entscheidungsgewalt über das eigene Verhalten aus der Gesellschaft in die Hände von Privatunternehmen in Form extremer Asymmetrien des Wissens und der Macht, wie es Redecker oben auch für pädagogische Kontexte beschrieb.

Für die Philosophin und Harvard-Volkswirtin Zuboff ist der Ehrgeiz des Vorhersagekapitalimus ein handfestes Demokratieproblem, was sie mit Blick auf das dortige Social-Credit-System gar als »China-Syndrom« (ebd., S. 451) kennzeichnet. Dort werden Bürgerinnen und Bürger etwa am Kauf von Flugtickets gehindert, wenn ihr Punktestand zu niedrig ist, sie sich also nicht so verhalten haben, wie es die Kommunistische Partei Chinas gerne hätte. Dieses Zusammenfallen von instrumenteller und staatlicher Macht sei gewiss in China an-

---

meras an öffentlichen Plätzen, darauf weist Roland Meyer (2024, S. 338) hin. Der qualitative Bruch liegt einerseits in der Größenordnung und Automatisierung heutiger Datensammlung und ihrer Auswertung (Meyer nennt exemplarisch Gesichtserkennung qua Algorithmen und KI), andererseits in der mehr oder minder freiwilligen Preisgabe privater Verhaltensdaten, mindestens aber in vager Ahnung darum und Indifferenz dazu.

ders gelagert als in westlichen Gesellschaften (monopolistisch und politisch-staatskapitalistisch vs. oligopolistisch und liberal kapitalistisch), wohl aber sollte uns die derzeitige Entwicklung nicht nur zu denken geben, sondern uns zum Handeln animieren. Im Sinne Zuboffs wären das radikale Lösungen des Unterbrechens und Verbietens dieser Überwachungspraktiken, die im Gewand der Verbesserung unseres Lebens daherkommen und im Geiste des Kapitalismus über keine eigenen ethischen, juristischen oder politischen Grenzen verfügen; m.a.W.: antidemokratisch agieren.

Gesellschaft und ihre Praktiken sind im Überwachungskapitalismus objektiviert und kommodifiziert (d.h.: marktfähig gemacht) worden, was sich selbstredend auch auf hierzulande bisher weniger ökonomisierte Praxen (Bildung, Gesundheit, Infrastruktur) auswirkt. Der in unserem Fall beschriebene Optimierungsimperativ (des Lernens, der Motivation usw.) als Legitimationsinstanz für Datensammlung steht dabei schon einer Bildungsidee entgegen, wie Christian Leineweber und Maik Wunder (2021) nachzeichnen. Allgemein scheint die Skepsis gegenüber der datenbasierten Überwachung im Bildungsbereich zuzunehmen (Troeger/Lüpkes/Bock 2022), wenngleich wir vor der Aufgabe stehen, digitalisierte Lernumgebungen daraufhin neu zu vermessen, ob und in welchem Maße Vertrauen ihr gegenüber möglich ist (Deny/Priedigkeit/Weich 2022) oder ob gar unsere Souveränität zumindest zeitweise aufgegeben wird (Unterberg & Zulaica y Mugica 2023), unterwerfen wir uns einer bestimmten technischen Konstellation (hierzu mehr ▶ Kap. 12). Pädagogisch gewendet: Die Zukunftsoffenheit einer Bildungsidee wird potentiell ersetzt durch eine extern formulierte Zielvorgabe in Form von Kompetenzen oder anderen, der Tech-Wirtschaft angemessen scheinenden Kenntnissen und ihrer Kategorisierung.

Wie können wir uns zu dieser Dynamik in der pädagogischen Praxis verhalten? Mit dieser Frage verbunden ist in jedem Fall die Feststellung der Tatsache, *dass* (Erziehungs-)Wissenschaft zwangsläufig politisch ist, weil sie sich in irgendeiner Weise zu Außeneinflüssen und Begehrlichkeiten verhalten muss. Analog zum Prozess der Bildung ist auch die Reflexion über sie politisch (Bünger 2013), was uns zu der Frage bringt, an welchen Punkten eine Überwachungspraxis unsere der Bildung tangiert oder gar überformt. In grober Annäherung: Im Begriff der Mündigkeit stoßen Überwachung und Ent-Unterwerfung aufeinander und es steht zu vermuten, dass nur eine technische und Wissenshoheit über in pädagogischen Einrichtungen verwendete Software Bildungsprozesse erlaubt, die keiner Fremdsteuerung unterliegen, sondern auf individuelle Mündigkeit als Erziehungsziel setzt. Das wiederum erfordert eine sorgfältige Prüfung und Freigabe eingesetzter Soft- und Hardware nach pädagogischen und juristischen Kriterien im Sinne der Datenschutzgrundverordnung usf.

Mit der *Sovereign Tech Agency* (https://www.sovereign.tech/de) und dem *Zentrum für digitale Souveränität* (ZenDiS, https://zendis.de) gibt es bereits Bemühungen auf nationaler Ebene, die Abhängigkeit von Big Tech in der öffentlichen Verwaltung zu reduzieren. Im Bildungsbereich hingegen ist derzeit keine derartige politische Initiative erkennbar. Das Gemeinschaftsprojekt *Medien in die Schule* bspw., das diverse freie Software für den Bildungsbereich bewirbt, hat u.a. Google als zentralen Partner. Uns bleibt die intensive Thematisierung dieses Problems in Ausbildung und Studium, um die Asymmetrien des Wissens um Lehr-/Lernsoftware und dergleichen zwischen IT-Profis und in der pädagogischen Praxis Tätigen zumindest zu verkleinern. Der Wissenschaft bleibt die Aufgabe einer weiteren Erforschung und Kritik des Vorfindlichen.

An anderer Stelle haben Holger Pötzsch und ich (2023) nicht nur für einen weitreichenden Einsatz von Free/Libre Open Source Software plädiert, sondern auch für die Einbindung zivilgesellschaftlicher Akteure sowie entsprechender Stellen in der öffentlichen Verwaltung wie Landesdatenschutzbeauftragte etc. (▶ Kap. 9). Eine andere Praktik der Subversion liegt in der Sousveillance (Unterwachung) als Gegenbegriff zur Surveillance (Überwachung). Darin werden Überwacher und Überwachte verkehrt, zum Beispiel im Tragen von am Körper befestigten Bodycams. Ob dies im Falle pädagogischer Überwachung eine realistische Form des Widerstandes darstellt, darf bezweifelt werden. Diese Frage steht, wie viele weitere in diesem Themenkreis, einer wissenschaftlichen Untersuchung noch aus.

Zusammenfassung des vierten Kapitels: In der pädagogischen Praxis haben sich Überwachungspraktiken vor allem durch die flächendeckende Verbreitung von Software und somit Datensammelmöglichkeiten stark ausgebreitet. Sie wurden in Form des Bildungsmonitorings gar methodisiert und legitimiert, wobei strittig ist, inwiefern es sich dabei um legale und pädagogisch legitime Einsätze handelt. Kritisch bleibt, dass das Wissen um pädagogische Adressaten zugleich ihre Kontrollmöglichkeit nach sich zieht. Mit Zuboffs Perspektive des Überwachungskapitalismus ergibt sich uns eine Deutungsmöglichkeit, die Überwachung in der Matrix von Technisierung, Ökonomisierung, Optimierung und Normalisierung deuten lässt.

Literaturempfehlungen zur weiterführenden Lektüre

- Allert, Heidrun (2021). Optimierung als digital-kapitalistisch. In: MedienPädagogik, Themenheft 42, S. 301–326. https://doi.org/10.21240/mpaed/42/2021.06.24.X.
- Hartong, Sigrid (2018). »Wir brauchen Daten, noch mehr Daten, bessere Daten!« Kritische Überlegungen zur aktuellen Expansionsdynamik des Bildungsmonitorings. In: Pädagogische Korrespondenz 58, S. 15–30. https://doi.org/10.25656/01:21105.
- Leineweber, Christian & Wunder, Maik (2021). Zum optimierenden Geist der digitalen Bildung. Bemerkungen zu adaptiven Lernsystemen als sozio-technische Gefüge. In: MedienPädagogik, Themenheft 42, S. 22–46. https://doi.org/10.21240/mpaed/42.X.
- Schenk, Sabrina & Karcher, Martin (Hrsg.) (2018). Überschreitungslogiken und die Grenzen des Humanen. (Neuro-)Enhancement – Kybernetik – Transhumanismus. Wittenberg: MLU. https://doi.org/10.25656/01:16105.

Reflexionsfragen zum fünften Kapitel

1. Erlöst uns die Affirmation ständiger Überwachung und Kontrolle von der Frage nach der ethischen Rechtfertigung? Und: Gehört zur Idee der Mündigkeit nicht auch, dass man sich freiwillig solchen Techniken unterwirft, wie es auch die QS-Bewegung tut?
2. Inwiefern sind Zuboffs Unkenrufe vor dem Hintergrund der Differenz zwischen den USA und Deutschland sowie der Gesamtgesellschaft und ihrer pädagogischen Praxis zu relativieren oder ernstzunehmen?
3. Wie könnten in pädagogischen Kontexten erhobene Daten genutzt werden, um eine Normierung pädagogischer Praxis nach sich zu ziehen?
4. Stellt die Sanktionierung chinesischer Staatsbürger durch das Social-Credit-System eine Form von Erziehung dar? Was spricht dafür, was dagegen?
5. Wie verhalten sich die Prinzipien staatlicher Souveränität und Bildung zueinander?

6 Diskriminierung

Vielleicht kennen Sie bereits den Begriff des *Digital Divide* (auch: Digitale Kluft, Digitale Spaltung). Er verweist auf das zentrale Problem in diesem Kapitel: die ungleiche Teilhabe an digitalen Dienstleistungen und Interaktionen. Die Gründe dafür können vielfältig sein, zum Beispiel die Tatsache, dass keine zuverlässige Stromversorgung gegeben ist, ein stabiler und schneller Internetzugang fehlt oder das Wissen (bzw. die Medienkompetenz) um die Nutzung von Endgeräten, Webseiten usw. nicht gegeben ist. Den Begriff – und man darf vermuten: ein in Teilen zumindest erreichtes politisches Bewusstsein – gibt es seit der Mitte der 1990er-Jahre, also immerhin schon etwa 30 Jahre. In einer zunehmend vernetzten Welt wird das Konzept zunehmend wichtiger, worauf uns der Stuttgarter Philosoph Hauke Behrendt (2024) hinweist. Er zählt neuartige Formen digitaler Benachteiligung auf, etwa die Vulnerabilität gegenüber Online-Betrugsmaschen (Scams), Privatsphäreverletzungen und andere Formen der sogenannten Cyberkriminalität, von der manche Teile der Bevölkerung eher betroffen sind als andere.

Ich möchte mit Ihnen im Folgenden den Blick darauf wenden, dass das Konzept des Digital Divide im pädagogischen Kontext weitreichende Folgen haben kann, die Bildungszielen wie der Inklusion und Mündigkeit entgegenstehen. Digitalisierung, so nicht nur meine These, schafft selbst neue Ungleichheiten und belebt alte wieder. Sie wirkt demnach im Wortsinne diskriminierend, weil sie zwischen unterschiedlichen Teilen der Gesellschaft unterscheidet. In vier Dimensionen möchte ich mit Ihnen diese These anhand rezenter Publikationen in dieser Reihenfolge plausibilisieren: Digitaler Sexismus, Rassismus, Ableismus und Klassismus.

Francesca Schmidt und Nicole Shepard (2021) identifizieren zunächst vier Ebenen eines »Digital Gender Gap« (ebd., S. 253). Geschlechterungleichheit gäbe es 1) im Zugang zu digitalen Technologien, 2) im Nutzungsverhalten, 3) in der Digitalkompetenz und 4) in der Offenheit gegenüber digitalen Trends. In empirischen Tests zum Digitalisierungsgrad erreichten Frauen im Schnitt 51 Punkte, Männer 61. Weiter stellen sie fest, dass sich in drei Dimensionen Geschlechterdiskriminierung im Rahmen der Digitalisierung besonders anschaulich zeigt, nämlich in Form digitaler Gewalt, algorithmischer Diskriminierung und fehlender Diversity in der Technologie und dem zugehörigen Arbeitsmarkt. Als *Digitale Gewalt* werden Phänomene des Hate Speech, der Online-Belästigung, des Mobbings und Cyberstalkings und dergleichen mehr genannt (ebd., S. 259), und ich möchte hinzufügen, die es in genau dieser Form potenziell auch in Schulen und anderen Bildungseinrichtungen geben kann und deren Transformation in physische Gewalt nicht ausgeschlossen ist. Unter *Algorithmischer Diskriminierung* verstehen die Autorinnen eine Benachteiligung von Mädchen und Frauen in der Datenbasis, die sich in algorithmisch gestützten Systemen fortschreibt (ebd., S. 264). In der Schule kann sich das bspw. in einer Lernsoftware zeigen, die je nach (vermutetem!) Geschlecht unterschiedliche Lernwege vorgibt. Der Mangel an *Diversity in der Technologie* zeigt sich als Vernachlässigung materieller oder anderer Merkmale in Produkten und dem Anstellungsprofil der Tech-Branche. Dort sind Frauen besonders unterrepräsentiert, was dazu führen kann, dass bspw. Spracherkennungssoftware auf weibliche Stimmen weniger gut trainiert ist und daher eine geringere Erkennungsrate aufweist.

In ihrem Beitrag *Algorithmen, KI und soziale Diskriminierung* arbeitet Ilona Horwath (2022) heraus, dass sich in KI-Applikationen eine Fortführung einer Reihe von Vorurteilen zeigt. Sexismus, Rassismus und Klassismus seien gleichsam »in die Architektur und Funktionsweise der technischen Systeme eingeschrieben« (ebd., S. 72; ▶ Kap. 7). Nur durch das Verstehen solcher Systeme als soziotechnische können die inhärenten Diskriminierungsstrukturen erkannt und bekämpft werden. Wie auch Schmidt und Shepard betont Horwath, dass »Frauen und andere marginalisierte Gruppen [...] nur eingeschränkten Zugang zur Gestaltungsmacht soziotechnischer

Systeme und ihrer Anwendung« (ebd., S. 76) haben. Zu diesen zählen vorwiegend People of Color und Menschen mit Migrationserfahrungen. Sie sind es, die der Gefahr einer Fremdklassifizierung und präventiven Fremdüberwachung am ehesten ausgesetzt sind. Horwaths Analyse führt dann zu zwei Einsichten, die auch in pädagogischen Zusammenhängen hochrelevant sind: 1.»Je mehr Informationen [ein] Algorithmus über eine Person hat, umso stärker kann er sie diskriminieren« (ebd., S. 83) – was als deutlicher Appell zur Datensparsamkeit gewertet werden kann. Und 2.: Algorithmen profitieren vom Mythos der Objektivität, der wiederum zu einem »false sense of objectivity« (ebd., S. 93) führen kann. Dies zeigt sich vor allem in biometrischen Erkennungsverfahren, die zunehmend auch in Lernsoftware eingesetzt werden.

Katharina Walgenbach (2023) fokussiert in ihrem Beitrag auf Digitalen Ableismus. Ihre These ist, dass sich in digitalisierten Lernumgebungen eine imaginierte »homogen angenommene Nutzergruppe« (ebd., S. 1) findet, auf die die digitalen Angebote zugeschnitten sind. Was jedoch noch schwerwiegender ist, ist die Tatsache, dass die »Verantwortung für die Nutzbarkeit digitaler Technologien [...] den Usern zugeschrieben [wird], anstatt den Institutionen oder Anbietern« (ebd.). Als *able* bzw. fähig gilt dann, wer sich digitalen Anforderungen unterordnen kann. Wer diese gesellschaftlich zugeschriebenen und technisch normierten Eigenschaften nicht aufweist, wird im digitalen Raum be-hindert. Das Privileg der Befähigung (ability privilege) umfasst demnach sowohl individuelle als auch gesellschaftliche Zugehörigkeitsdimensionen. Um diesem Umstand abzuhelfen, gibt es im Feld der digitalen Bildung zwei Strategien: 1. den Retrofit Approach, z.B. in Form nachträglicher Anpassung von Lernsoftware an Menschen mit Behinderung, und 2. den Universal Design Approach, der eine proaktiv inklusive Gestaltung von Lehr-/Lernumgebungen umfasst (ebd., S. 11f). Zur Konturierung des Digitalen Ableismus als zu bearbeitendes Problem stellt Walgenbach sechs Thesen auf: 1. Es erfolgt eine homogenisierende Kalibrierung der Nutzergruppe. 2. Es erfolgt eine einseitige Präferenzsetzung und Hierarchisierung von Fähigkeitsprofilen.

3. Ein bestimmter digitaler Habitus in Form stabiler »Denk-, Wahrnehmungs- und Handlungsschemata« (ebd., S. 16) stellt den Idealnutzer dar. 4. Die Verantwortung für erfolgreiches Handeln im Digitalen wird den Individuen überantwortet. 5. Im Digitalen findet eine räumliche und zeitliche Absonderung von Menschen statt, die nicht in das Idealschema fallen. 6. Im Digitalen werden auf andere Arten und Weisen Ausschlüsse produziert, als das ›offline‹ der Fall ist.

Als vierte Diskriminierungsdimension nehmen wir den Digitalen Klassismus in den Blick, wie ihn die Braunschweiger Erziehungswissenschaftlerin Julia Gerick (2021) skizziert. Sie stellt fest: Die Relevanz des sozioökonomischen Status des Elternhauses hat sich nicht nur in der Corona-Pandemie verstärkt, auch verstärkt sich der Konnex von sozialer (Klassen-)Herkunft und Bildungsteilhabe im Zuge der Digitalisierung. Das gilt besonders in Überschneidung mit den »Kategorien Migrationshintergrund oder Geschlecht« (ebd., S. 2). Gerick nimmt explizit Bezug auf den Digital Divide und hebt besonders die Nutzungsprofile und Befähigung zur produktiven Nutzung digitaler Angebote als Differenz zwischen unterschiedlichen Schülerinnen und Schülern mit unterschiedlichem kulturellen Kapital hervor.[28] Als mögliche Maßnahmen zur Verbesserung der »digitalen Bildungsteilhabe« (ebd., S. 6) werden die Bereitstellung von Laptops und Tablets sowie die Nutzung von freier und Open-

---

28 Julia Gerick fundiert ihre Analyse in Pierre Bourdieus Kapitaltheorie, nach der nicht nur ökonomisches Kapital als soziales Unterscheidungskriterium vorliegt, sondern auch soziales Kapital (Zugehörigkeit zu bestimmten Gruppen, Netzwerke), kulturelles Kapital (im weitesten Sinne Bildung sowie kulturelle Güter) und symbolisches Kapital (Reputation, Ansehen) (Buck 2023, S. 46 ff). Für unsere Analyse ist zentral, dass die Unterscheidung entlang des kulturellen Kapitals der egalisierenden Absicht des Bildungssystems entgegensteht, wohl aber in der Praxis beobachtbar ist. Bereits seit längerem existiert der Begriff der *Mittelschichtinstitution* für die Schule, der auf die Bevorteilung von den Schülerinnen und Schülern verweist, die eine habituelle Ähnlichkeit zum milieutypischen Habitus von Lehrkräften aufweisen (Homophilie-These).

Source-Software und OERs empfohlen. Besonders für die Adressierung der Nutzungsdimension des Digital Divide müssen jedoch didaktische Ansätze entwickelt werden, die es auch den Schülerinnen und Schülern ermöglicht, mit digitalen Lernumgebungen produktiv umzugehen, die es aus der häuslichen Umgebung bzw. von ihren Eltern nicht gewohnt sind. Das wiederum erfordert eine gezielte Aus- und Fortbildung von Lehr- und anderen pädagogischen Fachkräften (also möglicherweise auch Ihnen), um mit dieser Diskriminierungsdimension adäquat umzugehen. Zugleich merkt Gerick an, dass auch die erziehungswissenschaftliche Forschung über Nachholbedarf in der Ausrichtung ihrer Forschung verfügt (ebd., S. 9f) – eine Diagnose, der ich entschieden zustimme.[29]

Diese vier hier nur sehr knapp skizzierten Dimensionen sind sicherlich nicht erschöpfend – denken Sie etwa an Altersdiskriminierung als hier nicht thematisierte Dimension. Sie stehen allerdings auch nicht in keinem Zusammenhang zueinander. Eine Möglichkeit, sich einer tiefgreifenden Analyse digitaler Diskriminierung zu nähern, stellt der Intersektionalitätsansatz der Sozialstrukturanalyse dar, der auch in erziehungswissenschaftlicher Lesart vorliegt (Walgenbach 2011; 2014). Er besagt, dass sich Diskriminierungsdimensionen überschneiden und so neue, nicht einfach additive Formen der Diskriminierung hervorbringen.[30] Denken Sie beispielhaft an das oben genannte Beispiel der Spracherkennungssoftware. Die Wahrscheinlichkeit, dass Ihre Stimme korrekt erkannt wird, verändert

---

29 Im Jahr 2019 hat die Antidiskriminierungsstelle des Bundes unter Federführung von Carsten Orwat (2019) vom Karlsruher Institut für Technologie (KIT) eine umfassende Studie zu den »Diskriminierungsrisiken durch Verwendung von Algorithmen« publiziert. Unter dem Punkt Bildungswesen wird ein Fall aus Frankreich angeführt, bei dem ein Selektionsalgorithmus angehende Studierende bei der Bewerbung um Studienplätze potentiell diskriminiert. Es stellt ein weiteres Beispiel möglicher Ungleichbehandlung dar.
30 Auf dem Portal Intersektionalität finden Sie eine Vielzahl theoretischer Texte, Einführungsvideos, Handlungsanleitungen und Methoden: https://portal-intersektionalitaet.de.

sich mit jedem Merkmal, das von der imaginierten und programmierten Normalität abweicht, also wenn Sie bspw. die zu erkennende Sprache nicht als Muttersprache sprechen, wenn ein Regio-, Sozio- oder Dialekt vorliegt, wenn Sie lispeln oder andere sogenannte Lautbildungsstörungen vorliegen.

Inwiefern Digitalisierung eine Verstärkung sozialer Ungleichheit zementiert oder produziert, dabei aber das Gegenteil beansprucht, hat Walgenbach (2017) am Beispiel von Massive Open Online Courses (MOOCs) erforscht. Falls sie diese noch nicht kennen: Es handelt sich um zulassungsfreie, beliebig skalierbare Online-Kurse – meist Vorlesungen – renommierter Universitäten, die eine Öffnung dieser für alle Interessierte vornehmen, den Erwerb von Zertifikaten ermöglichen und somit aktiv ihrem anhaftenden Ruf des Elitären widersprechen. Walgenbach hat am Beispiel des vom MIT und der Harvard-Universität begründeten Portal *edX* MOOCs auf ihre tatsächliche Öffnung geprüft. Das ernüchternde Ergebnis lautet, dass zwar eine Teilnahme an diesen Kursen möglich, eine Anerkennung der Studienleistung in den allermeisten Fällen allerdings stark eingeschränkt bzw. an die Zahlung weiterer Gebühren gebunden ist. MOOCs, so Walgenbach, leben demnach »von dem Glanz bzw. der *Illusion* des kulturellen Kapitals, das mit Eliteuniversitäten verbunden wird« (ebd., S. 39; Hervorh. im Orig.). Hinzu kommt, dass bei einer Online-Teilnahme das sozialisatorische Moment eines Studiums, das Knüpfen von Kontakten und Netzwerken und der »Erwerb eines milieuspezifischen Habitus« (ebd.), wie er für ein Studium an Elite-Universitäten üblich ist, wenn nicht unterbunden, so doch enorm erschwert ist. MOOCs dienen demnach in erster Linie dazu, die Reputation und vermeintliche Öffnung prestigeträchtiger Institutionen zu steigern, ohne dass die behauptete soziale Öffnung eintritt.

In Form einer Diskriminierung, die nicht nur im soziologischen Sinne Unterschiede feststellt, sondern soziale Ungleichheit und damit Bevor- und Benachteiligung reproduziert oder performativ erst herstellt, ist die Digitalisierung ein potentielles Problem für jede Pädagogik, die sich als inklusiv begreift. Es ist umso bemerkens-

6 Diskriminierung

werter, dass die Problematisierung dieser Dimension digitaler Transformation ein solches Nischendasein, sowohl in der (Aus-)Bildung als auch in der Forschung, fristet. In seiner Monographie zur Kritischen Medienbildung versammelt Maximilian Waldmann (2024) Texte, die sich mit »Macht-, Herrschafts- und Ungleichheitsverhältnisse[n] digitaler Kultur« beschäftigen. Seine Perspektive ist dezidiert medien- und kulturwissenschaftlich, was sich deutlich an den angelegten Perspektiven und Fragestellungen zeigt. Waldmann fragt unter anderem nach dem Othering (d.h. die Markierung Anderer *als* Anderer bzw. Abweichender) und wie sich Subjektpositionen in ihr reproduzieren. Er thematisiert auch die Kybernetisierungstendenzen digitalisierten Lernens und kritisiert daran v.a. die mehrfache Trivialisierung von Lernenden wie auch des Lernprozesses in Form von Tests, Monitoring und Evaluierung (ebd., S. 46ff; ▶ Kap. 5). Lesen Sie dort hinein und vergleichen Sie einmal Waldmanns Annäherung an das Phänomen mit der Anlage dieser Einführung.

Zusammenfassung des fünften Kapitels: Digitalisierung führt zu Diskriminierung, die sich nicht nur an der unterschiedlichen Teilhabe an digitalen Angeboten zeigt, sondern auch an der Befähigung dazu (Digital Divide). An ausgewählten Beispielen lässt sich zeigen, wie Diskriminierung alte und neue Formen sexistischer, rassistischer, ableistischer und klassizistischer Differenzlinien reproduziert, etwa in der Nivellierung imaginierter User. Auf analytischer Ebene lässt sich unter Hinzunahme des Intersektionalitätsansatzes Mehrfachdiskriminierung thematisieren. Die Erforschung diskriminierender Effekte der Digitalisierung ist bisher wenig sichtbar, allerdings mit zunehmender Tendenz.

Literaturempfehlungen zur weiterführenden Lektüre

♦ Blaha, Kathrin/Boger, Mai-Anh/Geldner-Belli, Jens/Körner, Nadja/Moser, Vera/Walgenbach, Katharina (Hrsg.) (2024). Inklusion und Grenzen. Soziale, politische und pädagogische

Verhältnisse. Bielefeld: transcript. https://doi.org/10.14361/9783839471081.
* Kamin, Anna-Maria/Holze, Jens/Wilde, Melanie/Rummler, Klaus/Dander, Valentin/Grünberger, Nina/Schiefner-Rohs, Mandy (Hrsg.) (2023). Inklusive Medienbildung in einer mediatisierten Welt: Medienpädagogische Perspektiven auf ein interprofessionelles Forschungsfeld. Zürich: OA Publishing Collective. https://doi.org/10.25656/01:28639.
* Wilmers, Annika/Achenbach, Michaela/Keller, Carolin (Hrsg.) (2023). Bildung im digitalen Wandel. Die Bedeutung digitaler Medien für soziales Lernen und Teilhabe. Münster: Waxmann. https://doi.org/10.31244/9783830998464.

Reflexionsfragen zum sechsten Kapitel:

1. Inwiefern ist der Digital Divide ein gesellschaftliches, inwiefern ein pädagogisches Problem?
2. Verdeckt die Digitalisierung die vormals bereits etablierte Beschäftigung mit diskriminierenden Strukturen, Handlungen usw.? Was spricht dafür, was spricht dagegen?
3. Inwiefern können Formen des Cybermobbings, Stalkings etc. als Ausdruck digitalisierender Diskriminierung verstanden werden?
4. Unter welchen Bedingungen wäre Altersdiskriminierung im Medium der Digitalisierung als ein weiteres pädagogisches Problem zu werten?
5. Inwiefern leisten MOOCs im Sinne Walgenbachs Analyse einen Bärendienst an der Digitalisierung?

7 Algorithmisierung

Auch die Algorithmisierung ist weder ein neues Phänomen, noch ausschließlich ein Diskriminierungsproblem, wohl aber wird sie im Zuge der Digitalisierung sehr viel gegenwärtiger und wichtiger. Der Reihe nach: Ein Algorithmus kann zunächst verstanden werden als eine Reihe bestimmter, abgegrenzter mathematischer Operationen zur Lösung eines Problems. Als solche sind Algorithmen schon lange Teil der menschlichen Kultur. Auf den arabischen Gelehrten al-Chwarizmi (780~850) zurückgehend, ist mindestens seit dem 9. Jahrhundert die Verwendung von Algorithmen bezeugt, vermutlich gibt es noch ältere Vorläufer (Schröter 2024). In der Informatik gilt der erste digitale Algorithmus als der der britischen Mathematikerin Ada Lovelace aus dem Jahre 1843. Heute verstehen wir unter Algorithmen meist sehr komplexe Computerprogramme, die auch zunehmend im Bereich der Bildung zum Einsatz kommen oder medienpädagogisch reflektiert werden. Zentral für Algorithmen ist, dass wir sie in ihre Einzelteile trennen können und sie zuverlässig und konsistent exakt gleiche Ergebnisse liefern – das wird noch relevant beim Sprechen über Künstliche Intelligenz (▶ Kap. 11).

Sind Algorithmen Gegenstand pädagogischer Reflexion, ist nicht nur deren Nützlichkeit im Zentrum des Erkenntnisinteresses, sondern bspw. auch deren Effekte auf die Mediensozialisation und ihre diskriminierende Kraft. Beides scheint mir thematisierungswürdig, bevor wir – Sie kennen die Choreographie – eine Abstraktion vornehmen und die generelle Funktionsweise für Algorithmen im Feld der Bildung in den Blick nehmen. Im Zuge der enorm gesteigerten Rechenleistung von Computern in den vergangenen fünfzig Jahren hat sich die Informatik zur Schlüsseldisziplin moderner Gesellschaften entwickelt. Mit der enormen Verbreitung und Vernetzung von Computern über Notebooks bis hin zu Smartphones und Tablets geht die Erwartung einher, durch algorithmisch bedingte Automatisierung menschliche Arbeit zu beschleunigen und zu vereinfachen. In der heutigen Lebenswelt erkennen wir Algorithmen nur noch dann, wenn sie das *nicht* tun, sie also unsere Erwartungen durchkreuzen. Am Beispiel von Empfehlungsalgorithmen auf Social-Media-Plattformen lässt sich das veranschaulichen. Der Gießener Medienpädagoge Julian Ernst beschäftigt sich intensiv mit ihnen und fragt u. a. danach, wie der Versuch, diese zu verstehen zu Medienbildung führen kann (Ernst 2023a) bzw. welche mediendidaktischen Möglichkeiten des Umgangs mit ihnen möglich sind (Ernst 2023b). Ernst hält fest: Empfehlungsalgorithmen sind zentraler Bestandteil quasi jeder Social-Media-Plattform. Sie selektieren aus einer enormen Menge an Inhalten diese, die mit großer Wahrscheinlichkeit dafür sorgen, dass die Verweildauer auf der jeweiligen Plattform erhöht wird. Sie sind demnach »keineswegs objektiv, neutral o. ä.« (Ernst 2023a, S. 207), sondern dienen unmittelbar dem Profitinteresse der jeweiligen Plattform, da ein längeres Verweilen höhere Werbeeinnahmen verspricht. Die Empfehlungen der Algorithmen sind individualisiert und zugleich sind sie es nicht, da sie eine Nutzerin oder einen Nutzer in (für uns unsichtbare) Kategorien sortieren, die erfahrungsgemäß ›gut‹ funktionieren. Wir merken dann auf, wenn Empfehlungen »als sozial und situativ unangemessen oder als der Selbstdefinition stark entgegenstehend empfunden werden« (ebd., S. 209), was dann dazu führt, dass wir Algorithmen einen Geschmack oder gar eine Entscheidungsfähigkeit zusprechen, die in diesem Fall fehlging. Am Beispiel von YouTube-Empfehlungen zeichnet Ernst nach, wie ein solches Verstehen von Algorithmen trotz ihrer prinzipiellen Unzugänglichkeit als Verstehen ihrer Effekte und vermuteten Ziele (s. o.) sich vollziehen kann. Das ist mit Bezug auf öffentliche Plattformen ein vergleichsweise erreichbares Ziel. Komplizierter wird es, wenn wir auf Empfehlungsalgorithmen im Bildungsbereich schauen.

Maximilian Waldmann und Maik Wunder (2021) haben genau dies getan. Zentral für ihre Untersuchung ist die Frage, wie sich das Autonomieverständnis im Zuge der Algorithmisierung verändert.

Was führt sie zu dieser Frage? Ähnlich wie auf YouTube oder in aufwändig programmierten Online-Shops werden auch in Hochschulen algorithmische Empfehlungssysteme (Recommender systems) in Form von Learning-Analytics-Systemen eingeführt, die »von den Lernenden hinterlassenen digitalen Spuren zu Profiling-, Prognose-, Präventions- und Empfehlungszwecken [verarbeiten]« und »mit strukturanalogen Prinzipien wie die automatisierten Produktempfehlungen auf den Seiten großer Onlinehändler [arbeiten]« (ebd., S. 78). An zwei Beispielen prüfen Waldmann und Wunder ihre These der Veränderung des Autonomieverständnisses: 1) ein im Fachbereich Elektrotechnik der University of Jordan getestetes Empfehlungssystem für die Belegung von Wahlpflichtkursen und 2) ein im Zahnmedizin-Studium eingesetztes Empfehlungssystem der Universidad de Granada, das keine Belegungen, sondern zu studierende Inhalte vorschlägt in Abhängigkeit der vorangegangenen Studienleistung. Wie schon im Kapitel 2 zur Technisierung (▶ Kap. 2) vermutet, ergibt sich auch hier ein neues »Verhältnis der Lehrenden zur Inhaltsdimension« (ebd., S. 87), das heißt: Es findet nicht mehr primär eine didaktisch-curriculare Prüfung der Inhalte statt, sondern eine Einordnung in ein Kompetenzraster, aus dem der Algorithmus dann individuelle Lernpfade generiert. Inwiefern die Dimension der Sozialität von einer solche algorithmisch beeinflussten Generierung von individuellen Lernchoreographien betroffen ist, lässt sich vermutlich nur aus einer empirischen Untersuchung aus dem Fach heraus ermitteln. Insgesamt halten die beiden Autoren fest: Es erfolgt eine Transformation des Autonomieverständnisses im Zuge der Nutzung von Empfehlungsalgorithmen, wenngleich diese vergleichsweise gering ausfällt. Unter mehreren Kritikpunkten an der Praxis von Empfehlungsalgorithmen (u. a. wegen der Aussetzung ihrer Reflexion) sticht die »Erhöhung von (Bildungs-)Ungleichheit« (ebd., S. 95) als mögliche Folge einer numerischen Ordnung hervor, die zugleich das Konkurrenzdenken im Studium erhöht (▶ Kap. 9).

Algorithmen, so wiederholt und bekräftigt Maximilian Waldmann an anderer Stelle (2024), folgen einer Logik, die er in der Formel »Abwerten, Aussortieren, Separieren« zusammenfasst. Am Beispiel der Komplettierungsempfehlung von Suchmaschinen zeigt Waldmann, dass diese »relativ eigenständige[n] Akteure«, versehen mit »unvorhersehbare[r] Handlungsmacht« (ebd., S. 2,) in unbescholtener Unsichtbarkeit und Unzugänglichkeit operieren. Waldmann entwirft ein weitreichendes »Spektrum algorithmischer Ungleichheit« (ebd.). Allein: Wie die Kieler Bildungsinformatikerin Heidrun Allert (2020) festhält, diskriminieren Algorithmen schlichtweg, weil es ihre Arbeitsweise ist. Die Unterscheidung nach festgelegten, diskreten Kriterien ist die Aufgabe, die wir Algorithmen überantworten. Probleme ergeben sich dann, wenn Algorithmen, die sich häufig aus anderen Algorithmen zusammensetzen (Schröter 2024), so kompliziert werden, dass uns selbst kaum noch möglich ist, die Rechenschritte nachzuvollziehen, die in einem Algorithmus ablaufen. Mit dem sog. Machine Learning, also Algorithmen, die selbsttätig neue Algorithmen schreiben, verwischt die Grenze zur KI (▶ Kap. 11). Was mit dieser Einsicht einhergeht, ist die Frage nach der Souveränität als Ausweis von Bildung im Medium algorithmisierter Umgebungen.

Lisa Unterberg und Miguel Zulaica y Mugica (2023) stellen genau diese Frage am Beispiel des Drückens eines digitalen Knopfes. Was uns trivial erscheinen mag (selbstverständlich drücken wir souverän einen Knopf!), ist bei genauerem Hinschauen ein bildungstheoretisch relevantes Problem. Der Knopf selbst tritt als Medium auf, denn: »Der Knopf repräsentiert – analog wie digital – einen ganzen Zusammenhang von Arbeitsschritten bzw. Tätigkeiten. Im Drücken des Knopfes wird also ein ganz anderer Tätigkeitsvollzug vermittelt als nur das Drücken« (ebd., S. 167). Genauer: sowohl die Darstellung eines Knopfes, die Möglichkeit seiner Betätigung und die nach seinem Drücken durchgeführte Rechenoperation entziehen sich unserer Einsicht und unserem Wissen. Durch die Anerkennung des Knopfes als Knopf ordnen wir uns diesem Nichtwissen unter, akzeptieren zumindest unsere teilweise Nichtsouveränität. Dieses Problem ist selbstverständlich eines, das sich am Schisma von Code und Benutzeroberfläche besonders deutlich zeigt, genau genommen aber bei jeder algorithmischen Operation vorliegt. Zugleich stimmt, darauf weisen Unterberg und Zulaica y Mugica hin, dass sich an der Inszenierung der Souveränität die Anästhetik (grob: Nichtwahrnehmung) von Algorithmen überhaupt erst reflektieren lässt. Das wird dann wichtig, wenn Algorithmen Stereotype und Ungleichheitsverhältnisse reproduzieren, weil sie zwar streng formal operieren, aber selbst Ergebnis menschlicher, d.h. potenziell vorurteilsbehafteter schöpferischer Kraft sind. So thematisiert bspw. die Berliner Soziologin Katja Dill (2023) den Gender-Bias in Suchmaschinen, den sie auf die mimetische (= imitierende) Funktionsweise von Algorithmen als Feststellung des Mathematikers und Kryptographen Alan Turing (1912–1954) zurückführt. Entgegen einer bloßen Unterordnung unter die Folgen dieser Erkenntnis ist ein Plädoyer zu setzen, nicht nur zur bewussten Veruneindeutigung von Daten, wie es Dill vorschlägt, sondern zu einer regulativen Verhältnissetzung zum Einsatz von Algorithmen, mindestens in pädagogischen Zusammenhängen. Dies könnte geschehen über eine Anpassung von Schul- und Sozialgesetzen, Selbstverpflichtungen oder anderen Maßnahmen, die ein Mitbestimmungsrecht gegenüber maschinellen bzw. algorithmischen Entscheidungen oder deren Aussetzung ermöglichen.

Empfehlungssysteme im weitesten Sinne sind nur eine Erscheinungsform von Algorithmen im weiten Feld der Bildung, deren Folgen weit über ihren Einfluss auf Lehrende und Lernende hinausgehen. Ein weitreichendes *Educational Data Mining* – die Erhebung und Veredelung großer Datenmengen aus pädagogischen Herkünften, v.a. Schulen und Hochschulen – hat inzwischen enormen Einfluss darauf, wie Bildungspolitik gestaltet wird (▶ Kap. 9, ▶ Kap. 10 und ▶ Kap. 11). Es wäre nur folgerichtig, würde eine entsprechende Auseinandersetzung mit Grundkenntnissen darüber in der pädagogischen (Aus-)Bildung an beruflichen sowie (Fach-)Hochschulen Eingang finden.

Es steht jedenfalls zu vermuten, dass sich im Zuge der weitreichenden Einführung von Algorithmen bereits ein Denken über pädagogische Praxis einschleicht, das nicht nur technisch ist, sondern gar einem *Solutionismus* frönt. Dieser Begriff geht auf den belarussischen Publizisten Evgeny Morozov (2014) zurück. Er beschreibt in seinem Buch *To Save Everything, Click Here* wie sich im Medium steigender Vernetzung, Verdatung und immer komplexer werdender Algorithmen ein Denken etabliert hat, das als nicht von gesellschaftlichen, pädagogischen oder anderen Problemen ausgeht, sondern von den technischen (d. h. algorithmischen) Möglichkeiten her nach Problemen sucht, die sich mit ihnen lösen lassen: »I borrow this unabashdly pejorative term from the world of architecture and urban planning, where it has come to refer to an unhealthy preoccupation with sexy, monumental, and narrow-minded solutions« (ebd., S. 5f). Dieses Denken, so Morozov, ist nicht einfach eine Iteration des alten Sprichworts, nach dem für jemanden mit einem Hammer alles wie ein Nagel auszusehen beginnt. Vielmehr werden von Solutionisten Probleme als solche ›gefunden‹, die gar keine waren. Häufig unterliegen die vermeintlichen Probleme einer anderen Handlungslogik als einer technischen – dazu zählen unsere Arbeitsfelder –, was aber von den Proponenten einer schnellen Problemlösung nicht so erkannt wird. Dabei möchte sich Morozov allerdings nicht als konservativer Gegenpol dazu verstanden wissen, der im Zweifel für die Beibehaltung des Status quo stimmt. Stattdessen plädiert er für eine Form kritischer Bildung, die nicht den Anlass aus den Augen verliert, aus dem zuallererst eine Lösung vorgeschlagen wurde. Dazu gehört die Abkehr von einem Denken in Rezepten (denken Sie an die Einleitung) und die Anerkennung sozialer Praxis als einer kontingenten (ebd., S. 15). Das hat selbstredend auch politische Implikationen. Der Solutionismus redet einem Expertentum das Wort, das eine Berücksichtigung fachlicher Bedürfnisse und Einwände einer Expertenmeinung unterordnet, die qua Zuschreibung überhaupt erst Geltung erlangt. In gewissem Sinne handelt es sich beim Solutionismus um eine Form technokratischer Steuerung, die zwangsläufig moralische Bedenken ignorieren muss.

Dafür gibt es auch im Pädagogischen zahlreiche Beispiele, die ich im Rahmen meiner Tätigkeit in den letzten Jahren mehrfach habe erleben dürfen. Für die Bildungspolitik beispielsweise ist die Außenwahrnehmung ihrer Tätigkeit zentral. Um die Digitalisierung als

7 Algorithmisierung

politisch willkommenen Begriff voranzubringen (Buck 2020), wurden vielerorts Mittel akquiriert oder zugeteilt, um Tablets, Laptops und SmartBoards anzuschaffen. Was in den Schulen tatsächlich benötigt wurde, um guten Unterricht zu halten (eine angemessene Personaldecke und Ausfinanzierung von Schulen in jeglicher Hinsicht, funktionierende Infrastruktur, Schulsozialarbeit und schulpsychologische Unterstützung, Fort- und Weiterbildung auch an digitalen Geräten und Software), war in den meisten Fällen kein Teil der Gleichung. Diese Verkehrung des Zweck-Mittel-Denkens, eine inverse Rationalität gleichermaßen, wird in Form von Big Data und Algorithmen beschleunigt. Wenn es doch sehr mächtige Software-Lösungen für das Classroom Management gibt, wieso setzen wir sie nicht flächendeckend ein und machen uns so unabhängiger von der vermeintlichen Tagesform, den Launen oder der schlechten Ausbildung von Lehrkräften? Die Antwort liegt meines Erachtens in der Disziplinarität und damit in der Tradition kontinentaleuropäischer Philosophie, deren Anspruch auf Systematizität und der weitreichenden Anerkennung von Professionalität einer vorschnellen Expertisierung widersteht. Mit anderen Worten: Im Pochen auf eine pädagogische Handlungslogik, die sich nicht ohne Weiteres technisieren und algorithmisieren lässt. Wir werden noch diskutieren, inwiefern es sich tatsächlich um ein fachliches oder um ein politisches Problem handelt (▶ Kap. 10). Ich vermute, dass eine Delegation pädagogischer Praktiken an Algorithmen nur dann dem Anspruch an eine deliberative Demokratie gerecht wird, wenn ihr Einsatz nicht nur denen abgesprochen wird, die sie verantworten sollen (sprich: Erzieherinnen und Erzieher, Lehrkräfte, Erwachsenenbildner usf.), sondern sie auch stets diskutabel bleiben – schon im Sinne der Generationengerechtigkeit.

Zusammenfassung des siebten Kapitels: Aufbauend auf die zunehmend größer werdende Sammlung von Daten in pädagogischen Handlungsfeldern (Educational Big Data), finden zunehmend algorithmische Verfahren Eingang in ihnen. Diese meist sehr komplexen Rechenoperationen werden über die Versprechen der Entlastung und Individualisierung implementiert, sind aber potentiell undurchsichtig, fehlerbehaftet und reproduzieren Vorurteile. Es besteht zudem die Gefahr des Einschleichens eines solutionistischen Denkens, das potentiell fachliche und politische Probleme einer technischen Lösungsfähigkeit unterordnet.

> **Literaturempfehlungen zur weiterführenden Lektüre**
>
> - Leineweber, Christian & de Witt, Claudia (Hrsg.) (2020/2021). Algorithmisierung und Autonomie im Diskurs – Perspektiven und Reflexionen auf die Logiken automatisierter Maschinen. Hagen: FernUniversität in Hagen. https://www.fernuni-hagen.de/bildungswissenschaft/bildung-medien/medien-im-diskurs/algorithmisierung-und-autonomie.shtml.
> - Meyer-Drawe, Käte (2007). Menschen im Spiegel ihrer Maschinen. 2. Aufl. München/Paderborn: Fink.
> - O'Neill, Cathy (2018). Angriff der Algorithmen. Wie sie Wahlen manipulieren, Berufschancen zerstören und unsere Gesundheit gefährden. Bonn: bpb.
> - Seyfert, Robert & Roberge, Jonathan (Hrsg.) (2017). Algorithmuskulturen. Über die rechnerische Konstruktion der Wirklichkeit. Bielefeld: transcript. https://doi.org/10.14361/9783839438008.

> **Reflexionsfragen zum siebenten Kapitel:**
>
> 1. Welche Formen der Algorithmisierung kennen Sie aus Ihrem pädagogischen Erfahrungshorizont?
> 2. Inwiefern könnte die Ansammlung großer Datenmengen bereits ein pädagogisches Problem darstellen? Was macht pädagogische Praxis in dieser Hinsicht besonders?
> 3. Sind Ihnen andere Beispiele algorithmischer Ungleichheitsproduktion bekannt? Überprüfen Sie Waldmanns und Dills

7 Algorithmisierung

These durch die Eingabe unvollständiger Sätze in Suchmaschinen.
4. Kennen Sie weitere Beispiele für solutionistisches Denken innerhalb und außerhalb des Feldes der Bildung?
5. Wie lässt sich Solutionismus in Relation setzen zu Byung-Chul Hans technischer Rationalität (▶ Kap. 2)? Wo gibt es Differenzen?

8 Virtualisierung

Virtualität kann verstanden werden als Phänomen der leiblichen Dissoziation in räumlicher und zeitlicher Hinsicht. Das heißt, dass unsere Handlungen über unseren leiblich gebundenen Wahrnehmungs- und Aktionsradius hinausgehen. Denken Sie beispielsweise nicht nur an Online-Fortbildungen oder -Unterricht, sondern auch an Flugsimulatoren, die inzwischen so detailgetreu sind, dass ihre Nutzung für die Ansammlung von Pflichtstunden anerkannt werden. Virtualisierung als Phänomen ist jedoch nicht auf Digitalisierung beschränkt, wie Carlos Willatt und ich an anderer Stelle (2025) herausarbeiten. So ist beispielsweise mein Abbild im Spiegel beim Rasieren oder die Darstellung eines Pantomimen durchaus virtuell, ohne digital zu sein.

Welche Auswirkungen haben virtualisierte Umgebungen auf unsere Leiblichkeit? Nehmen wir das Beispiel eines virtuellen Klassenzimmers, in dem in synchroner Form Online-Unterricht stattfindet (Willatt & Flores 2022). Durch die technischen Bedingungen sowohl der Endgeräte als auch der Konferenzsoftware findet erstens eine Fragmentierung der Körper und ihre Reduktion auf Gesichter statt. Zweitens wird ein Augenkontakt verunmöglicht, weil wir nicht zugleich in die Kamera und auf den Monitor schauen können. Drittens können wir uns der sozialen Situation (zeitweise) entziehen, indem wir Verzerrfilter anwenden oder Mikrofon und Webcam ausschalten. Viertens können durch Artefakte bedingte audiovisuelle Störungen – Aussetzer, Rauschen, Einfrieren des Bildes – geschehen, die sich menschlicher Kontrolle entziehen. Fünftens dezentralisiert die Form das Klassenzimmer. Es gibt keine räumliche Ordnung mehr, die zugleich eine soziale stiftet. Sechstens erzeugt Online-Lehre neue Formen leiblicher Unannehmlichkeiten und Schäden, von der Videokonferenz-Erschöpfung (*Zoom fatigue*) über Rückenschmerzen bis zu Augenproblemen.

8 Virtualisierung

Eine solche pessimistisch anmutende Beschreibung stellt den Gegenpol dar zur Idee der Digital Natives, denen alles Digitalisierte leichtfallen soll (▶ Kap. 2). Willatt und Flores plädieren demnach für eine differenzierte Perspektive. Ihre These ist, dass Virtualität eine Grundform unserer leiblichen Existenz darstellt. Was bedeutet das? Wie bereits erwähnt, gibt es virtuelle, nicht-digitale Phänomene. Die Tatsache, dass wir uns sehr schnell daran gewöhnen können, uns im Spiegel zu schminken, zu rasieren, zu frisieren oder Pickel auszudrücken, lässt uns zur Erkenntnis kommen, dass wir uns leicht und ohne jedes elektronische Gerät in die Virtualität hineinbegeben können. Nach Merleau-Ponty bewohnen wir gar zeitweise diesen virtuellen Raum. Der virtuelle Körper kommt immer dann zur Erscheinung und zum Einsatz, wenn es etwas für ihn zu erledigen gibt. Merleau-Ponty beschreibt das als Transposition, als Entrückung vom eigentlichen Ort. Beide Autoren erinnern uns daran, dass sowohl der Phänomenologe Merleau-Ponty als auch der Medienwissenschaftler McLuhan (1964) den Vorschlag unterbreiten, Technisches als Erweiterung (extension) unseres Körpers zu betrachten. Tragen wir häufig große Hüte, so beginnen wir irgendwann beim Durchschreiten niedriger Türrahmen in die Knie zu gehen, selbst wenn wir in dem Moment gar keinen Hut tragen. Auch ein Gehstock verändert unser Körperschema dauerhaft, indem er zum integralen Bestandteil unserer Motorik wird. Oder denken Sie daran, wie sich Ihre Wahrnehmung für kurze Zeit verändert, wenn Sie im Fitnessstudio nach dem Training vom Laufband steigen.

All diese Beispiele verweisen darauf, dass wir beim Sprechen über Virtualisierung unseren Blick nicht darauf wenden sollten, *dass* wir wiederkehrend in virtuellen Existenzen gegeben sind, sondern *wie* sich Virtualität zu anderen (zwischen-)leiblichen und medialen Entitäten relationieren lässt. Willatt und Flores schlagen vor, dass wir Virtualität nicht als auf ein digitales – sprich: neues und zugleich vom Üblichen differentes – Phänomen beschränken, sondern immer schon alltäglich und mit dem Leib verwickelt. Phänomene wie Online-Konferenzen über BigBlueButton, WebEx oder Zoom seien dann nur *ein* möglicher Ausdruck von (digitaler) Virtualität, was uns wiederum erlaubt, über Phänomene der Gleichzeitigkeit oder Sequenzialität im Virtuellen als Form der raumzeitlichen Be- und Entgrenzung zugleich nachzudenken (ebd., S. 32 f).[31]

Einen etwas anderen Blick darauf habe ich mit meinem irisch-norwegischen Kollegen James McGuirk geworfen. Wir haben untersucht, wie Augmented-Reality-Techniken unsere Wahrnehmung und Handlungen potentiell beeinflussen (McGuirk & Buck 2019). Darunter wird die Überlagerung der physischen Realität mit einer digitalen verstanden, wie es etwa beim Spiel Pokémon Go populär geworden ist. Auch wir heben hervor, dass die Überlagerung unserer Umwelt kein der Digitalisierung eigenes Phänomen ist, sondern Vorläufer hat. Denken Sie beispielsweise daran, wie mit Hilfe von Kreidelinien aus einer mehr oder weniger gepflegten Wiese ein Fußballfeld wird. Eine solche Transformation verändert unsere legitimen Wahrnehmungs- und Handlungsmöglichkeiten innerhalb und außerhalb dieser Kreidelinien. Es gelten bestimmte Spielregeln für die, die sich innerhalb eines Fußballfeldes befinden, wohl aber auch für die außerhalb und am Spielfeldrand. »Sowohl die Verwendung von Kreide als auch die von AR-Technik präfiguriert die Umgebung auf Weisen, die medial vermittelt sind und dadurch den Sinngehalt des Wahrgenommenen transformieren bzw. modifizieren« (ebd., S. 410). Weiter zeigen wir, dass Augmented Reality – und für dieses Kapitel muss ergänzt werden: auch Virtuelle Realität – die visuelle Dimension der Wahrnehmung zulasten aller anderen Sin-

---

31 Die Gleichsetzung des Virtuellen mit dem Irrealen war noch bei Aristoteles undenkbar. Bei ihm, wie auch im Mittelalter bis hin zu Thomas von Aquin, ist das Virtuelle das Potential einer tatsächlichen Realisierung. Was sich tatsächlich in Handlungen zeigt, *muss* in diesem Sinne vor der Handlung denknotwendig bestanden haben. Erst in der Moderne – nämlich mit Henri Bergson – wird das Virtuelle als getrennt vom Realen betrachtet (wonach bspw. Träume als virtuell bewertet würden, obwohl sie durchaus sehr reale Gefühle evozieren können), weil das Erstgenannte dem Zweitgenannten niemals vollumfänglich gerecht werden könne. In einer dritten Lesart wird die Verwicklung bzw. Verschmelzung von Virtuellem und Realem gesetzt, etwa bei Gilles Deleuze (Willatt & Buck 2025).

neserfahrungen privilegiert. Das ist nicht nur ein Problem im Sinne der Inklusion (▶ Kap. 6), sondern verweist auf ein viel größeres. Die visuelle Dominanz des Dargebotenen verunmöglicht das, was Edmund Husserl – einer der Gründerfiguren der Phänomenologie – *passive Synthesis* nennt. Unter diesem Stichwort arbeitet er heraus, in welcher Weise sich unsere Wahrnehmung von Welt in der Auseinandersetzung mit ihr vollzieht.

Diese Figur besagt, dass Wahrnehmung weder an das wahrnehmende Subjekt noch an die Welt gebunden ist, sondern in der aktivpassiven Auseinandersetzung mit ihr stattfindet. Wenn Sie einen Sonntagsspaziergang unternehmen und Ihnen am Wegesrand eine Blume auffällt, dann ist dieses Aufmerken und Auffallen weder auf Sie zurückzuführen, noch auf die Blume selbst, sondern auf Ihre leibliche Bewegung in der Welt. Aktiv-passiv ist die Auseinandersetzung deswegen, weil uns entzogen ist, wenn es unsere Aufmerksamkeit einfordert; wohl aber können wir entscheiden, ob wir unseren Blick länger auf die Blume richten, uns ihr nähern oder sie ignorieren. Diese Form des In-der-Welt-seins wird durch die Virtualisierung und Augmentation von Umwelten durchkreuzt. Es sind nicht mehr die Dinge selbst, die der Wahrnehmung harren, sondern: die programmierte Umgebung bereitet uns eine Welt vor, wie wir sie wahrzunehmen haben. Das mag im Falle einer Blume am Wegesrand vergleichsweise unbedeutend sein, aber in pädagogischen Handlungsfeldern bedeutet dies eine radikale Veränderung des Zeigens als pädagogische Operation. Es sind dann nicht mehr pädagogisch verantwortete und gestaltete Umgebungen, an der und in der wir Dinge zeigen (und dabei immer scheitern können!), sondern eine endliche Anzahl an Lernpfaden, die nicht situativ und dialogisch, sondern informatorisch und determiniert sind. Die Möglichkeit passiver Synthesis wird technisch eliminiert. Die Sinngebung ist nicht mehr aus dem Zusammenspiel von Ich und Welt erzeugt, sondern technisch vorgegeben (ebd., S. 416 ff).

Virtualisierung kann demnach als eine Form der Simulation verstehbar werden. Simulation, daran erinnert uns die Aachener Philosophieprofessorin Gabriele Gramelsberger, wird »zumeist mit

Nachahmung, Nachbildung, Imitation oder Vortäuschung gleichgesetzt« (2024b, S. 301), bedeutet in neutraler Lesart aber zunächst einmal ein mimetisches Abbild einer anderen Sache – so wie etwa eine Schauspielerin mit Hilfe ihrer Sprache eine fiktive Figur imitiert. Im Zuge voranschreitender Technik sind es dann neue Medien, die das schaffen, was der französische Philosoph Jean Baudrillard (1929–2007) *Simulacrum* nennt: eine von jeglichem Realitätsbezug gelöste Vortäuschung einer Welt, wie es sie nicht gibt. In pädagogischen Praxisfeldern sind Simulationen inzwischen gängig, weil ihre Als-ob-Überzeugungskraft uns bspw. physikalische, chemische, mathematische oder musikalische Zusammenhänge verstehen lässt, die ohne Simulation nicht oder sehr viel schwerer darstellbar wären. Allein: Welche Folgen hat es, wenn Simulationen zur herrschenden Darstellungsform in der Bildung werden?

Zentrale Probleme von Simulationen liegen nicht nur in ihrer immer nur annäherungsweise bleibenden Abbildung von (Ir-)Realität (ebd., S. 303), sondern auch in ihrer zwangsläufigen leiblichen und sensorischen Reduktion. Virtualisierte Umwelten privilegieren Fernsinne, v. a. den Hör- und Sehsinn, und depriviligieren dadurch andere Sinne wie auch synästhetische Erfahrungen insgesamt. Diese Hierarchie der Wahrnehmungsformen hat seit der griechischen Antike Tradition im kontinentaleuropäischen Denken. Zwangsläufig werden dadurch die Nahsinne des Riechens, Schmeckens und Berührens depriviligiert oder (technisch bedingt) gar komplett negiert:

> »Seit der griechischen Antike gelten diese beiden (Fern-)Sinne als höherwertig, da sie aus sicherer Entfernung zum Wahrzunehmenden operieren. Unter der Annahme einer inneren Verwandtschaft mit dem immateriellen und geistigen Wesen des Logos [= der Vernunft; MFB] wird ihnen eine größere Abstraktions- und Reflexionsfähigkeit zugeschrieben. Im Gegensatz dazu werden die nahen Sinne zwar als lebensnotwendig, jedoch intellektuell minderwertig angesehen, da sie nicht über die menschliche Animalität hinausgehen können« (Willatt & Buck 2023, S. 353).

Daraus folgt ein handfestes Leiblichkeitsproblem: Da Wahrnehmung als Grundlage unseres Weltverständnisses (▶ Kap. 12) stets sozial, synästhetisch und mit Bewegung verbunden ist, die in der Virtualität stark eingeschränkt wird, beschneiden wir zwangsläufig Wahrnehmungsmöglichkeiten. Die Entrückung des Leibes in raumzeitlicher Hinsicht führt zu einer Distanzierung in physischer wie auch metaphorischer Hinsicht: Menschliche Interaktion, soziale Praxis wird einer zwischenleiblichen Responsivität enthoben und durch eine (möglicherweise gar anonymisierte) Sequentialität von Informationsübermittlung ersetzt. An Beispielen diverser Lernapps kann man dieses Merkmal virtualisierter Praxis deutlich veranschaulichen. Eine Markierung nicht-virtueller Praxis als *echter* führt hier fehl, da zweifelsohne auch virtuelle Umwelten und ihre Folgen für uns real sind, sich jedoch in den genannten Kategorien grundlegend von dem unterscheiden, was vor der Digitalisierung menschliche Praxis konstituiert hat.

Auch die Bonner Erziehungswissenschaftlerin Anke Redecker (2023) nimmt in ähnlicher Weise die (leibliche) Reduktion im Modus der Virtualisierung in den Blick. Sie schreibt am Beispiel von Videokonferenzen über die *Anderen*:

>»Sie sind ganz und gar Gesicht, so wie wir es etwa aus alten Fotoalben mit Abbildern längst verstorbener Vorfahren kennen. Wir erleben nicht die gewohnte körperliche Präsenz der Anderen, die uns vielfältig anspricht und herausfordert – nicht ihren Gang, ihre ausladende Gestik, ihren Geruch und ihre nuancierten Blicke« (ebd., S. 28).

Die möglichen Wahrnehmungs- und Ausdrucksformen unserer Leiblichkeit als erstes Prinzip des In-der-Welt-Seins sind in virtualisierten Umwelten in hohem Grade abhängig von technischen Bedingungen. Am Beispiel des pandemiebedingten Fernunterrichts, an dem eine Schülerin nur mit Hilfe ihres Smartphones teilnehmen kann, verdeutlicht Redecker, wie damit eine *Versagung* von Lernmöglichkeiten einhergeht, die es vor der Virtualisierung so nicht gab. Zugleich entstehen neue Modi des Ausdrucks, der Kommunikation und der Zwischenleiblichkeit, etwa im Einsatz von Emojis oder Filtern in Videokonferenzen, die sich jenseits konventioneller sprachlicher und paraverbaler Ausdrucksformen befinden.

In besonderer Weise sind es die Blicke – unser eigener wie die der Anderen –, die in Situationen synchroner Virtualität eine Erforschung der veränderten Leiblichkeit im Medium der Virtualität aussichtsreich erscheinen lassen (ebd., S. 34 ff). Denken Sie beispielsweise an die Tatsache, dass Sie in Videokonferenzen entweder in die Kamera oder die Augen der Anderen blicken können, niemals aber beides gleichzeitig.[32] Die Bochumer Philosophin Patrizia Breil (2023) verweist mit Levinas und Waldenfels auf den »virtuellen Anderen« (ebd., S. 142), der uns nicht nur leiblich reduziert erscheint (wie wir ihm auch), sondern zugleich Bildungsmöglichkeiten eröffnet. Das setzt allerdings voraus, die gegenseitige Differenz anzuerkennen und produktiv zu wenden.

Ein anderes Problem im Zusammenhang mit einer zeit-räumlichen Zentralisierung auf Lernplattformen und Clouds sieht Thomas Höhne in der potentiellen »Entformalisierung und Deinstitutionalisierung von Lernen« (Höhne 2020, S. 188). Es sind nicht die virtuellen Orte, die zur Besorgnis mahnen, sondern ein dahinter liegender vermuteter »grundlegender zeitlicher Strukturwandel im Vermittlungswissen« (ebd., S. 187). Waren Bildungsmedien zuvor dadurch gekennzeichnet, dass sie geradezu abgekoppelt waren vom journalistischen Tagesgeschäft (gleichsam bewehrt gegenüber der Halbwertszeit des Wissens), hat sich ihre Form nun in flexibilisierender und verflüssigter Form dem angeglichen, wie Soziale Medien konsumiert werden. Hierin vermutet Höhne eine neue (Erlebnis-)Qualität der Transformation von Vermittlungswissen. Zudem ist in den Cloud-Strukturen »eine Lern(enden)vorstellung repräsentiert, bei der von den heterogenen schulisch-institutionellen sowie sozialen

---

32 Selbstverständlich wird auch dieses Problem technisch zu beheben versucht, etwa indem die Webcam mittels einer Apparatur vor dem Bildschirm positioniert wird (Center Cam, Plexicam) oder gar werkseitig in den Bildschirm selbst (Veeo, Lenovo Yoga) montiert wird. Es steht zu diskutieren, ob in solchen Fällen tatsächlich Augenkontakt besteht.

8 Virtualisierung

Bedingungen abstrahiert wird, von denen Lernen aber stets abhängig ist« (ebd., S. 190).

Zusammenfassung des achten Kapitels: Auch Virtualität ist kein Phänomen, das es nicht schon vor der Digitalisierung gab. Allerdings besteht der Verdacht, dass im Zuge jener die Virtualisierung stark zunimmt, sei es in Form von Online-Unterricht und -Lehre, in Videokonferenzen und anderen Formaten. Dabei zeigt sich Virtualisierung einerseits als Simulation der gegebenen Welt, andererseits als Teil ihrer. Besonders leibliche Momente unserer Existenz unterlaufen tiefgreifende Transformationen im Zuge voranschreitender Virtualisierung. Diese privilegiert Fernsinne und verhindert potentiell synästhetische Wahrnehmungsformen, die über den Seh- und Hörsinn hinausgehen. In der Erforschung der Virtualisierung zeigen sich Differenzen auch im leiblichen Ausdruck, der unsere leibliche Existenz neu figuriert.

Literaturempfehlungen zur weiterführenden Lektüre

- Meyer-Drawe, Käte (1996). Menschen im Spiegel ihrer Maschinen. München: Fink.
- Noller, Jörg (2024). Realität, Simulation und Virtualität – Zur Philosophie und Phänomenologie der Digitalität. In: Philosophische Rundschau 71(1), S. 71–94. https://doi.org/10.1628/phr-2024-0006.
- Willatt, Carlos & Flores, Luis Manuel (2022). The Presence of the Body in Digital Education: A Phenomenological Approach to Embodied Experience. In: Studies in Philosophy and Education 41, S. 21–37. https://doi.org/10.1007/s11217-021-09813-5.

Reflexionsfragen zum achten Kapitel:

1. Inwiefern ist eine Gleichsetzung des Virtuellen mit dem Digitalen hinderlich, um über Digitalisierung der Bildung angemessen zu sprechen?
2. Jenseits der Vor- und Nachteile von Virtualität: Wie lässt sich die Besonderheit von Virtualisierung zusammenfassen?
3. Warum ist die Gegenüberstellung von Virtualität und Realität wenig dienlich?
4. Inwiefern handelt es sich bei der leiblichen Reduktion in der Virtualisierung um eine unausgesprochene Selbstverständlichkeit? Inwiefern sind Nahsinne für Pädagogik überhaupt relevant?
5. In welchen Situationen sind Blicke als (zwischen-)leiblicher Ausdruck verstehbar? Welche pädagogischen Blicke gibt es?

9 Ökonomisierung

Die Digitalisierung pädagogischer wie aller anderen Handlungsfelder kostet Geld – das ist eine Binsenweisheit und soweit nachvollziehbar. Digitale Infrastruktur, Endgeräte und Softwarelizenzen sind mit teils großem finanziellen Aufwand verbunden. Ich möchte mit Ihnen allerdings andere Erscheinungsformen der Ökonomisierung thematisieren, die sich im Zuge der digitalisierenden Transformation zeigen. Dazu gehört, das kennen Sie bereits, die Kommodifizierung von Daten, die in der Schule, bei der Benutzung von Lernapps und in anderen Zusammenhängen gesammelt, veredelt und vermarktet werden (Pötzsch & Buck 2023). Dass und wie Konzerne die Digitalisierung als »Einfallstor für Unternehmensinteressen« (Engartner 2020, S. 33) im Feld der Bildung nutzen, hat der Kölner Sozialwissenschaftsprofessor Tim Engartner in seiner Studie *Ökonomisierung schulischer Bildung* herausgearbeitet. Über diesen Wandel zu einer Marktförmigkeit hinaus vermute ich einen Mentalitätswandel, einen Wechsel im Denken und Handeln, der allgemein als Weg von der Bildung als öffentlichem Gut hin zu ihrer Privatisierung beschrieben werden kann.[33]

Dieser Teil der Transformation ist durchaus gewünscht. Im nun auch schon ein Jahrzehnt alten Strategiepapier der Kultusministerkonferenz der Länder (KMK) mit dem Titel *Bildung in der digitalen Welt* in aller Deutlichkeit das gewünscht. Es heißt dort wörtlich:

---

33 Das lateinische Wort *privare* bedeutet berauben und lässt sich in diesem Zusammenhang so verstehen: Vormals öffentliche Angelegenheiten (*res publicae*) werden der Öffentlichkeit entzogen und einer privatwirtschaftlichen Verwendung zugeführt. Ein solcher Trend zeigt sich nicht nur in steigenden Privatschulanteilen, sondern auch in Transformationen innerhalb öffentlicher Bildung und Erziehung, wie wir in diesem Kapitel nachzeichnen können (Buck 2023; 2025b).

»Auch privates Engagement, z.B. durch Public-Private-Partnership [sic] (PPP), kann einen Beitrag dazu liefern, die Ziele dieser Strategie zu erreichen und somit die Ausstattung der Schulen zu verbessern. Dabei sind insbesondere wettbewerbsrechtliche und schulgesetzliche Vorschriften zum Sponsoring zu beachten« (KMK 2016, S. 44).

Das ist deswegen einigermaßen erstaunlich, weil Schulen, Kindergärten, Horte, Wohngruppen und andere pädagogische Einrichtungen bis dato gemeinhin als *Moratorium*, als Schonraum galten, in denen unsere Adressaten und Schutzbefohlenen nicht den Anforderungen, Zumutungen und Gefahren ausgesetzt sind, die allgemein in der Gesellschaft und ihrer zugehörigen Wirtschaftsordnung herrschen. Stattdessen sind sie anderen, pädagogischen Zumutungen und Leistungsanforderungen unterworfen, die jedoch idealiter auf ihr Lernen und ihre Mündigkeit zielen, zugleich aber die besonderen biologischen und sozialen Bedingungen ihres Aufwachsens berücksichtigen.

Wie zeigt sich der vermutete Mentalitätswandel in der Praxis? Seit der Einführung von *International Large Scale Assessments* (ILSAs) wie IGLU, PISA und ICILS hat sich das politische Verständnis pädagogischer Praxis grundlegend verändert (▶ Kap. 10). Wir sprechen von einem Wandel von einer Input- zu einer Output-Steuerung, die mit der seit einem Vierteljahrhundert als Leitparadigma geltenden Kompetenzorientierung einhergeht. Statt, wie bisher, Inhalte und Lernaufgaben an Lernende heranzutragen, wird nun ein gewisser Output von ihnen erwartet. Gemessen wird dieser dann in Form von Kompetenzmodellen verschiedener Art, die wiederum als Maß dafür gelten, wie erfolgreich dort Pädagogik stattfindet. Ein solches Denken hat zahlreiche Voraussetzungen von Folgen. Vorausgesetzt wird, dass es ein Standardmodell des Lernens gibt, anhand dessen seine erfolgreiche Durchführung überhaupt gemessen werden kann. Auch setzt ein solches Denken voraus, dass alle Adressaten im gleichen Tempo und mit gleichem Interesse dem Lernen nachgehen. In der Folge wird ihnen der Lernerfolg und -misserfolg zugerechnet, die Verantwortung dafür gleichsam in das Individuum verschoben. Schülerinnen und Schüler, Kindergartenkinder, Erwachsene in

Fortbildungen, Jugendliche in der Jugendhilfe werden zu »pägagogische[n] Ich-AGs« (Buck 2025b, S. 51), die der steten Messung, dem Vergleich und der Optimierungsnorm ausgesetzt sind. Der Wandel des Vokabulars im Sprechen über pädagogische Praxis ist dafür zentral. Statt Erziehung – für deren Erfolg in gewissem Grad auch Erzieherinnen und Erzieher verantwortlich sind – spricht man lieber über Lernbegleitung und Coaching; statt über Unterricht über selbstorganisiertes Lernen; statt über Didaktik über Classroom Management.

Auch auf Organisationsebene zeigt sich eine solche Ökonomisierung. Schulen und andere pädagogische Einrichtungen müssen Profile und Konzepte entwickeln und sich gegenüber Mitbewerbern durchsetzen. Statt an einer gemeinsamen Sache zu arbeiten, treten diese Einrichtungen in ein Konkurrenzverhältnis zueinander. Unter dem Stichwort der Autonomie wird diese Öffnung öffentlicher Bildung für Quasi-Märkte verhandelt, auf die private Unternehmen, Unternehmensverbände und Stiftungen zunehmend Einfluss nehmen; etwa über die Bereitstellung von Unterrichtsmaterial oder Sponsoring von Festen. Am Beispiel der Arbeitgeberverbände BDA und BDI über das *Netzwerk Schulewirtschaft* hat das die Münsteraner Erziehungswissenschaftlerin Christina Gericke (2020) nachgezeichnet.

Im Zuge der Digitalisierung der Bildung ist ein ganzes Netzwerk an Stiftungen und Lobbyverbänden entstanden, die von der langsamen oder fehlenden Regulierung durch die Bildungspolitik profitieren. Die Hamburger Erziehungswissenschaftlerin Annina Förschler (2018) hat das anschaulich rekonstruiert und stellt fest: die aktuelle Digitalisierungsagenda hat ab etwa 2014 deutlich Fahrt aufgenommen, zudem haben sich einige »intermediäre Akteur[e]« (ebd., S. 7) herausgebildet, die diverse, kleinere Akteure vereinen und so politischen Einfluss üben. Dazu zählt sie u. a. die *Bertelsmann-Stiftung*, das *Forum BildungDigitalisierung*, das *Bündnis für Bildung*, die *Didacta*, die *Initiative D21* und den Branchenverband *Bitkom*. Der Einfluss nichtstaatlicher Akteure in Form gemeinnützig auftretender Stiftungen und Vereine jedenfalls ist ein Phänomen, das es vor der Digitalisierung nicht in diesem Maße gegeben hat und in erziehungswissenschaftlichen Studiengängen bisher kaum thematisiert wird.[34] Die Verkaufsargumente der Anbieter auf dem Bildungsmarkt sind dabei Wiederholungen und Iterationen des Gleichen: Individualisierung, Teilhabe, Bildungsgerechtigkeit. Am Beispiel der Bildungscloud zeigen Karcher, Voß und Höhne (2020), dass diese »wolkigen Verheißungen« dazu führen, dass sich eine »Hybridisierung bzw. Verschmelzung von Lern- und Konsumpraktiken« (ebd., S. 330) im Sinne einer Erlebnisorientierung vollzieht. So führt der Zweiklang von Digitalisierung und Ökonomisierung zu veränderten Gewohnheiten, in denen die Kommodifizierung in das dünne Kleid der Emanzipation gehüllt wird (Armila et al. 2024).

Auch aus anderer Warte verstärkt sich die Kritik am ökonomisierenden Einfluss. Der Ludwigsburger Medienpädagoge Horst Niesyto attestiert der Medienpädagogik »bezüglich einer kritischen Medien- und Gesellschaftsanalyse einen Nachholbedarf« (Niesyto 2017, S. 1). Seiner Annahme zufolge sei der Medienpädagogik heutzutage eine ideologiekritische Medienkritik als Querschnittsaufgabe uber alle Facher hinweg eingeschrieben, was sich bspw. im Geschichtsunterricht in Form von Quellenkritik zeigt. Die heutige Situation im digitalen Kapitalismus würde diese Aufgabe in besonderer Weise unterstreichen. Dafür gibt es Gründe, die in der Entwicklungsgeschichte der Medienpädagogik liegen. Einer kulturkonservativen Phase des Beschützens *vor* Medien sei es seit den Arbeiten der Frankfurter Schule um Max Horkheimer und Theodor Adorno zum gängigen Modus geworden, kritisch *über* Medien als untrennbar mit der Gesellschaft verbundenem Bestandteil unserer Existenz

---

34 Die Gewerkschaft für Erziehung und Wissenschaft (GEW) hat in einem zehnseitigen Dossier Beispiele dafür gesammelt, in welchen Formen direkte, unvermittelte »Aktivitäten der Digitalindustrie im Bildungsbereich« (GEW 2019) seitens Apple, Microsoft, Google, Samsung und des Branchenverbandes Bitkom auszumachen sind. Es scheint mehrere gleichzeitige Strategien zur Implementation der eigenen Produkte im Bildungsmarkt zu geben.

nachzudenken.[35] Zugleich besteht ein ständiger politischer Manipulationsverdacht durch sie (denken Sie an den Volksempfänger und seine Rolle für die nationalsozialistische Herrschaft!). Seit dem letzten Viertel des 20. Jahrhunderts schließlich ist ein Nachdenken *mit* Medien (das heißt: unter Einbezug mediensozialisatorischer Einflüsse) zum zentralen Modus der medienpädagogischen Auseinandersetzung geworden. Aufwachsende werden nicht mehr als Betroffene ihrer Umwelt gesehen, sondern ihnen wird *Agency*, d. h. Handlungsfähigkeit im Umgang mit Medien zugesprochen. Im Zuge des raschen technischen Fortschritts allerdings ist nicht nur der kreative Ausdruck ein die mediale Partizipation kennzeichnendes Merkmal, sondern auch »die enorme Kommerzialisierung im Social Web und der extreme Kontrollverlust hinsichtlich privater Daten« (ebd., S. 4). Eine Medienpädagogik, die die Produktion gesellschaftlicher Schieflagen und Ungleichheiten thematisiert, würde laut Niesyto fehlen. Die für unsere Demokratie grundlegende »Pluralität von Konzepten und Vorstellungen« (ebd., S. 20) würden stattdessen in Normbildern ökonomisch eingeebnet (▶ Kap. 6). An anderer Stelle hat Niesyto seine Kritik iteriert und mahnt deutlich dazu, »sich im gesellschaftlichen Kontext wieder klarer bildungs- und professionspolitisch zu positionieren« (Niesyto 2021, S. 27). Niesytos (steile) Thesen und Kritik der digitalen Ökonomisierung – u. a. zum Gebrauch des Begriffs *Digitale Bildung* – werden inzwischen kontrovers und produktiv innerhalb der Medienpädagogik diskutiert (Kammerl & Irion 2021; Dander et al. 2024).

Der Berliner Soziologe Philipp Staab hat in seiner Schrift zum *Digitalen Kapitalismus* (Staab 2019) nachgezeichnet, wie sich ökono-

---

35 Der Begriff der Kulturindustrie stammt aus Horkheimers und Adornos *Dialektik der Aufklärung* und beschreibt die Warenförmigkeit kultureller Produkte (Bücher, Musik, Filme, heute wäre zu ergänzen: Podcasts und YouTube-Kanäle). Diese wirken zwar einerseits sozial kohäsiv, andererseits hätten sie ihre autonomen Produktionsbedingungen gegen die Abhängigkeit von ökonomischen Maßzahlen (Auflagenhöhe, Ticketverkäufe, Klickzahlen) getauscht und somit ihren Charakter grundlegend verändert.

mische Strukturprinzipien ändern, die dann auch in der Bildung Einzug halten. Seine erste Beobachtung lautet: In einer Zeit, in der nicht mehr Knappheit und Verteilung von Ressourcen das Grundproblem der Wirtschaft darstellen – weil digitale Inhalte, Software etc. beliebig kopiert werden können –, müssen Anbieter ihre Marktmacht auf andere Weise sichern als über ein Vertriebsnetz, das nun in Form des Internets für alle Anbieter prinzipiell gleich ist. So stimmt es zwar, dass digitale Technologien inzwischen in allen Lebensbereichen vorkommen, daraus aber »eben gerade keine Dezentralisierung oder Demokratisierung ökonomischer oder politischer Macht resultiert, sondern deren Konzentration« (Staab, 2019, S. 20). Seine These lautet nun, dass Anbieter nicht mehr Marktteilnehmer sind, sondern selbst zu Märkten werden, indem sie zu *Gatekeepern* (Türstehern) werden, die überhaupt erst die Teilhabe am digitalisierten Leben ermöglichen.[36] Denken Sie bspw. an die Suchmaschine Google, für deren Benutzung Sie nichts zahlen, weil Sie eben nicht Kundin oder Kunde sind. Mit dieser Verschiebung geht eine Entmächtigung einher. Sie liefern (Meta-)Daten und bekommen dafür ein Suchergebnis, von dem Sie nicht wissen, nach welchen Gesichtspunkten es zusammengestellt wurde, wie der Suchalgorithmus funktioniert etc. Was bei einer Suchmaschine schon hinreichend drastische Folgen hat, wird dann brisant, wenn es sich um sensible Daten handelt, die als Eintrittsgeld für einen Markt verlangt werden (etwa im Gesundheits- oder Bildungsbereich). Das Ergebnis sind proprietäre Märkte, die durch ihre Größe die Einstiegshürden

---

36 Die Hauptthese Staabs geht noch deutlich über das hinaus, was Nick Srnicek (2018) *Plattform-Kapitalismus* nannte. Denken Sie bspw. an Foodora, AirBnB oder Uber: allesamt Anbieter, die selbst als disruptive Plattformen auftreten und sich über Vermittlungsprovisionen finanzieren, nicht selten ohne Konflikte mit bestehenden Rechtsordnungen nach sich zu ziehen. Im Zuge dieser ökonomischen Transformation werden seitens dieser Anbieter arbeitsrechtliche Errungenschaften und mühsam ausgehandelte Tarifverträge untergraben, Quasi-Selbstständigkeit zur Norm erhoben und die Trägheit demokratisch legitimierter Regulationsprozesse ausgenutzt, um die eigene Stellung im Markt zu festigen bzw. auszubauen.

für Mitbewerber beliebig hoch bestimmen können. Staab sieht darin eine gewisse Wiederkehr früh- bzw. protokapitalistischer Formen des Merkantilismus, also staatlich bzw. politisch gestützter Märkte.

Dass es überhaupt proprietäre Märkte gibt, ist unter der Perspektive einer klassischen Ökonomie, die um die Verteilung begrenzter Ressourcen bemüht ist, widersprüchlich. Eine andere Möglichkeit existiert parallel: die Idee von Free/Libre and Open Source Software (FLOSS), Open Educational Resources (OERs) etc. Offenbar ist die Marktmacht der *Big EdTech* (Williamson 2022) allerdings so weit gewachsen, dass sie darüber ihre zentrale Funktion als Markt aufrechterhalten können oder gar OERs für ihre eigenen Zwecke gebrauchen, wie es Tim Engartner (2020) zeigt. Freie und Open-Source-Software verfügt über einen zentralen Vorteil gegenüber proprietären Lösungen: Sie erlaubt qua Überprüfung des Quellcodes einen Nachvollzug der Datenströme bzw. kann diese verlässlich unterbinden (Friedrich 2024). Es ist fraglich, ob eine verpflichtende Implementierung solcher als Wiedergewinnung bürgerlicher Rechte (und derer Minderjähriger bzw. Schutzbefohlener!) gegenüber ökonomischen Interessen in Aussicht steht. Sollte sich ein solches politisches Bewusstsein entwickeln – etwa durch nennenswert großen Widerstand innerhalb pädagogischer Professionen –, ließe sich eine solche Regulierung flankieren mit der Einbindung zivilgesellschaftlicher Akteure und demokratisch legitimierter Institutionen wie dem Chaos Computer Club (CCC) und Landesdatenschutzbeauftragten (Pötzsch & Buck 2023). Das wiederum setzt aber voraus, dass zunächst eine Einsicht in die notwendige Begrenzung der Ökonomisierung der Bildung mehrheitsfähig wird und sich in politischen Willen transformiert, der stärker ist als die Lobbyinteressen bereits bestehender Netzwerke und Akteure. Sie finden zwischen dem Schlusskapitel und dem Literaturverzeichnis eine Liste mit Open-Source-Software-Empfehlungen für den Bildungsbereich sowie Links auf kuratierte Listen.

Zusammenfassung des neunten Kapitels: Der Grad der Ökonomisierung der Bildung steigt mit zunehmender Digitalisierung. Erkennbar wird dies an der voranschreitenden Marktförmigkeit schulischer Praxis, die zudem als politisch erwünscht gelten mag. Zentral dafür sind Stiftungen und Vereine, die außerpädagogische Bildungsvorstellungen in pädagogische Einrichtungen hineintragen. Zudem besteht der Verdacht einer Machtkonzentration auf eine Handvoll sehr großer Anbieter (Big EdTech). Kritik aus medientheoretischer, soziologischer und medienpädagogischer Warte zu dieser Transformation besteht, obgleich fraglich ist, ob dieses kritische Potential in ähnlicher Weise in die Bildungspolitik und -praxis vordringt.

Literaturempfehlungen zur weiterführenden Lektüre:

- Buck, Marc Fabian (2023). Ökonomisierung der Bildung. Eine Einführung. Weinheim: Beltz. https://doi.org/10.25656/01:29138.
- Dander, Valentin/Grünberger, Nina/Niesyto, Horst/Pohlmann, Horst (Hrsg.) (2024). Bildung und digitaler Kapitalismus. München: kopaed.
- Höhne, Thomas (2015). Ökonomisierung und Bildung. Zu den Formen ökonomischer Rationalisierung im Feld der Bildung. Wiesbaden: Springer VS. https://doi.org/10.1007/978-3-658-08974-0.
- Münch, Richard (2018). Der bildungsindustrielle Komplex. Schule und Unterricht im Wettbewerbsstaat. Weinheim: Beltz.
- Schopf, Heribert & Scheidl, Gerhard (Hrsg.) (2020). Ökonomisierung und Digitalisierung. »Sargnägel« der Bildungsreform?! Wien: Löcker.

Reflexionsfragen zum neunten Kapitel

1. Inwiefern ist die Differenz öffentlicher und privater Angelegenheiten a) ein Problem unserer Zunft, b) ein Problem unserer

demokratischen Gesellschaftsordnung, c) ein wissenschaftliches Problem?
2. Wieso mag der Begriff der (Schul-)Autonomie als Ausdruck voranschreitender Ökonomisierung gelten? Was beschreibt er genau?
3. Im Zuge der Digitalisierung mehrt sich der Einfluss Stiftungen und Vereinen auf Bildungspolitik und -praxis. Was spricht aus pädagogischer Sicht dafür, was dagegen?
4. Wie könnte man Niesytos Manipulationsverdacht auf heutige Phänomene in Sozialen Medien beziehen? Erfolgt dort ebenfalls eine (zentralisierte) Politisierung?
5. Welche Veränderungen des Sozialen zieht die Ökonomisierung/Digitalisierung nach sich, wenn der Wettbewerb im Zentrum pädagogischer Praxis steht?

10 Politisierung

Das Stichwort, unter dem Phänomene der politisierenden Transformation gefasst werden, scheint mir von den hier aufgeführten am ehesten erklärungsbedürftig. Unter Politisierung soll hier weder thematisiert werden, dass Kinder, Jugendliche und Erwachsene zum politischen Denken und zur Ausbildung einer Haltung angehalten oder gar erzogen werden, noch, wie sich politische Bildung in der Digitalisierung verändert (Gapski 2023). Sondern: Pädagogische Praxis als Ganzes wird von politischer Praxis beeinflusst oder gar kooptiert, letztere von ersterer quasi überformt. Wir haben in vorigen Kapiteln bereits am Beispiel des New Public Management (▶ Kap. 2) und den internationalen Vergleichsstudien (▶ Kap. 9) angedeutet, dass es gute Belege gibt für eine solche Transformation. Zu prüfen steht, ob diese Politisierung im Zuge der Digitalisierung neuen Antrieb und neue Erscheinungsformen erfährt, und Sie können sich ob der Existenz dieses Kapitels meine Vermutung denken.

Lassen Sie uns bei der OECD beginnen, der Organisation für wirtschaftliche Zusammenarbeit und Entwicklung. Auf ihre Initiative hin wurde der PISA-Test (Programme for International Student Assessment) entwickelt, bis heute ist sie dafür federführend. Der Grund dafür ist so simpel wie besorgniserregend: Mit der Durchsetzung von Bildungsstandards entsteht ein potentiell weltweiter, homogener Arbeitsmarkt, der Arbeitnehmer in ein globales Konkurrenzverhältnis setzt und für diese Durchsetzung eine Maschine der Standardisierung und weitreichender Testung etabliert hat. Für diesen Politikwechsel der OECD hat die Bremer Politikprofessorin Kerstin Martens (2007) den Begriff *comparative turn* geprägt. Als Voraussetzung für die Messung dieser Standards werden Kompetenzen und Kompetenzstufen entwickelt. So wird aus der Input-Steuerung der Schule eine Output-Steuerung. Haben vormals Fachdidaktik-Vereinigungen darüber beraten und Schulen bzw. Lehrkräfte letztlich entschieden, welche Inhalte in den Unterricht hineingetragen werden, so werden nun Kenntnisse von – im Falle von PISA fünfzehnjährigen – Schülerinnen und Schülern abgeprüft und in ein standardisiertes Fünf-Stufen-Schema übertragen.[37]

Es hat sich augenscheinlich das durchgesetzt, was Malte Brinkmann (2009) ein *Testregime* nennt, unter dem pädagogischer Ein- und Widerspruch gegenüber der modellierten Vorstellung von Kompetenz zurückstehen muss. Pädagogisches Wissen darum, dass Menschen unterschiedliche schnell lernen, dass es Latenzen gibt in der Realisierung von Lern- und Bildungsprozessen, dass Bildung generell nur schwerlich einer Standardisierung standhält, müssen den Bildungsvorstellungen supranationaler Organisationen und ihrer Ad-

---

[37] Entstanden ist ein ganzer Wirtschaftszweig der Kompetenzprüfung. Vermutlich kennen Sie neben PISA noch die *Internationale Grundschul-Lese-Untersuchung* (IGLU, international: PIRLS), die auch in dieser Einführung schon genannte *ICILS*-Studie zur Überprüfung von Digitalkompetenzen sowie die *Trends in Mathematics and Science Study* (TIMMS). Es gibt davon noch zahlreiche weitere, etwa das Erwachsenen-PISA *PIAAC* oder die *International Civic and Citizenship Education Study* (ICCS), die politische Bildung abzuprüfen gedenkt. Neben der OECD ist die in den Niederlanden ansässige *International Association for the Evaluation of Educational Achievement* (IEA) ein nennenswert großer Akteur. Inzwischen hat sich ein ganzes Forschungsfeld zum Zusammenhang supranationaler Nichtregierungsorganisationen und ihren Einfluss auf (nicht nur Bildungs-)Politik entfaltet, das wir hier nur benennen, nicht aber in angemessener Breite diskutieren können (exemplarisch: Marques/Graf/Rohde-Liebenau 2023). Unstrittig ist inzwischen die Erkenntnis, dass die OECD und ihre Bildungsprogramme ihre Wurzeln im Kalten Krieg haben und die Überlegenheit des westlich-kapitalistischen Blocks gegenüber der sog. zweiten Welt (Sowjetunion und ihr assoziierte Staaten) demonstrieren und stärken sollte (Radtke 2003). Insofern kann auch die Bologna-Reform als »amerikanisches Kind des Kalten Krieges« (Rohstock 2013) gelten. Mit der zweiten Amtszeit des US-amerikanischen Präsidenten Trump und der Aufgabe von Soft Power in Form des Abbaus internationaler Kooperationen sind politische Folgen auf supranationale Educational Policies zu erwarten, die gegenwärtig (April 2025) noch spekulativ bleiben müssen.

aption auf Länder- und Landesebene weichen. Wenn Sie an die Einleitung zurückdenken: Ein soziologisches Bildungsverständnis (messbar, standardisiert/harmonisiert, eher auf marktförmigen Vergleich bezogen denn auf individuelle Fähigkeiten) hat sich gegenüber einem pädagogischen durchgesetzt, mindestens in normativer Hinsicht. Dieses Denken, so nicht nur meine Vermutung, hat sich inzwischen weit über die Schule hinaus in alle pädagogischen Bereiche hinein verbreitet.[38]

Die Gründe und Effekte sind vielfältig und werden in der Politikwissenschaft, der Bildungssoziologie und auch in der Erziehungswissenschaft diskutiert (Bellmann & Müller 2011). Für unser Interesse werfen wir zunächst einen Blick darauf, welche Rolle die Digitalisierung für supranationale Organisationen wie die OECD und nationale wie der KMK darstellt, gefolgt von einer Differenzierung der Folgen nach sozialer Wirkungsebene, vom Globalen bis zum Individuum.

Werfen wir einen Blick auf eine Äußerung der OECD, die ich bereits an anderer Stelle (Buck 2020) thematisiert habe. In dem bereits 2001 veröffentlichten Strategiepapier *Learning to Change: ICT in Schools* heißt es wortwörtlich:

»Schools are often resistant to radical change, but ICT could be a ›Trojan Horse‹ – the means through which change is delivered being also the way that resistance is overcome« (OECD 2001, S. 16 f).

---

38 Innerhalb der Erziehungswissenschaft gab und gibt es nach wie vor kluge, theoretisch, empirisch und methodologisch fundierte Kritik an PISA und den von ihr angestoßenen Bildungsreformen. Früh etwa waren das die *Frankfurter Einsprüche* gegen die Bildungsreform (Frost 2006). Inzwischen changiert der Ton der Kritik zwischen Besorgnis und Polemik. Mit Verweis auf die Fehlallokation von Mitteln für hochfrequentes Testen hört und liest man etwa vom Sprichwort, dass ein Schwein vom häufigen Wiegen auch nicht fetter würde oder dass das von PISA et al. produzierte Standortwissen keine Legitimation mit sich bringt, da wir es mit einer teils theoriefreien Bildungsforschung (Reichenbach 2017) zu tun hätten.

10 Politisierung

Die als chronisch reformunwillig markierten Schulen müssen also in Form einer List dazu gebracht werden, den ›radikalen Wandel‹ zu erzeugen, der der OECD als Bildungsvorstellung vorschwebt. Mindestens zwei Aspekte davon halte ich für fragwürdig. Erstens: Welche Vorstellung pädagogischer Praxis spiegelt eine solche Hoffnung wider, wenn eine solche List notwendig und legitim erscheint? Markiert die OECD nicht-digitale Bildung grundsätzlich als reaktionär, konservativ, aber auch ineffizient, Lehrkräfte grundsätzlich als inkompetent in ihrem Feld? Und zweitens: Welches Demokratieverständnis unterliegt einer solchen politischen Forderung, wenn eine supranationale Nichtregierungsorganisation danach strebt, in demokratisch legitimierte Organisationen öffentlicher Bildung hineinzuregieren?

Neun Jahre später wird aus einem weiteren Strategiepapier ersichtlich, dass sich die OECD auf eine politische Linie geeinigt hat, die eine Doppelstrategie von der Durchführung großer Vergleichsstudien bei gleichzeitiger Evidenzorientierung verfolgt:

> »Governments need to create the necessary incentives to engage teachers in the exploration of the benefits of ICT in education. But in so doing they should acknowledge that as responsible professionals teachers are particularly receptive to one powerful incentive: the evidence of what works« (OECD 2010, S. 16).

Inzwischen hat sich dieses zweckrationale Verständnis des ›What works‹ durchgesetzt, auch gegen alle Unken- und Kassandrarufe aus erziehungs-, bildungs- und schultheoretischer Warte (früh, exemplarisch und noch immer lesenswert: Biesta 2007; 2010). Die Politisierung der Bildung im Zuge der Digitalisierung ist demnach auch eine Empirisierung im schlechten Sinne: nicht zur Erforschung pädagogischer Praxis, sondern als Instrument für die Etablierung der Output-Orientierung an Schulen.[39]

---

39 Aus Raumgründen sind hier die Akteure UNESCO und Weltbank nicht Gegenstand. Lesen Sie deren Strategiepapiere hinsichtlich Ähnlichkeiten und Differenzen zur OECD. Auch sind es nicht nur NGOs, die politisch wirksam

10 Politisierung

Auf nationaler Ebene sind es zentrale Akteure wie das Bundesministerium für Bildung und Forschung (BMBF) und die Kultusministerkonferenz (KMK), die die supranationale Leitlinie auf nationaler bzw. Länder-Ebene vorantreiben. In den Strategiepapieren *Bildung in der digitalen Welt* (KMK 2016) und dem fünf Jahre später erschienenen *Lehren und Lernen in der Digitalen Welt* (KMK 2021) werden die bildungspolitischen Vorstellungen digitaler Bildung skizziert. Dort wird allerhand Zeitgemäßes gefordert: Eine »zeitgemäße Lehrerausbildung« (KMK 2016, S. 25) in der beruflichen Bildung, »zeitgemäße Arbeits- und Lernformate« (ebd., S. 30) in der Aus- und Fortbildung von Lehrkräften, die Anschaffung von Softwarelizenzen, um »den Erfordernissen zeitgemäßen Unterrichtens« (ebd., S. 35) gerecht werden zu können; ferner die »zeitgemäße Verschlüsselung« (ebd., S. 38) des Schul-WLANs und »zeitgemäße Präsentationstechnik« (ebd., S. 39) ebendort. Auf Organisationsebene wird ferner von Schulen die »zeitgemäße[...] Unterrichtsentwicklung bzw. Weiterentwicklung von [...] Lehr- und Lernkonzepten« (KMK 2021, S. 18) gefordert, mit dem Ziel »zeitgemäße und zukunftsfähige Lernumgebungen und Lernsituationen zu ermöglichen« (ebd., S. 20). Darin, wir ahnten es bereits, ist die Vorstellung »zeitgemäßer Bildung« (ebd., S. 24) enthalten, die laut KMK zumindest partiell nur digital sein *kann*.

Warum zeige ich Ihnen diese Beispiele? Ich vermute hier einen Politikstil, der postfaktisch operiert. Es werden legitime und m.E. wenig kontroverse Forderungen nach WLAN-Verschlüsselung und »der Ausbau eines zeitgemäßen Breitbandanschlusses für alle Schulen« (ebd., S. 32) vermengt mit solchen, die in der Wissenschaft und Gesellschaft ebenso kontrovers diskutiert werden wie an Schulen und anderen pädagogischen Einrichtungen, deren Diskus-

---

werden, sondern auch demokratisch legitimierte Institutionen. Hier lohnt sich v.a. ein Blick in den *Digital Education Action Plan (2021-2027)* der EU. Auch der 2018 verabschiedete *DigitalPakt Schule* stellt einen enormen politischen Einschnitt dar, der sogar eine Grundgesetzänderung nötig machte, um das Kooperationsverbot zwischen Bund und Ländern nicht zu verletzen.

sion für politische Beschlüsse und Empfehlungen aber ausgesetzt wird. Zeitgemäßheit, so schreibe ich an anderer Stelle, »ist schließlich selbst schon ein normativ immunisierendes und diskursverweigerndes Argument, weil es legitime Alterität von vornherein ausschließt« (Buck 2025a, S. 190). Mit anderen Worten: Anstatt die politische Forderung nach Digitalisierung beliebiger Organisationen und Praktiken argumentativ zu untermauern, wissenschaftliche Studien durchzuführen, mögliche Nebenwirkungen zu adressieren und möglicherweise gar Fachvereinigungen zurate zu ziehen, wird die Notwendigkeit der Digitalisierung faktisch vorausgesetzt und damit der politischen Deliberation enthoben – Überredung statt Überzeugung als politischer modus operandi.[40]

Auch auf individueller Ebene zeitigt diese Transformation Folgen, die der norwegische Physikprofessor Svein Sjøberg (2019) auf die Formel des *PISA-Syndroms* bringt. Er moniert, dass wir seit PISA unseren Blick auf Schülerinnen und Schüler, Schulen und Erziehung allgemein verändert haben – und zwar nicht zum Besseren.

Schülerinnen und Schüler werden von Adressaten unseres pädagogischen Handelns zum statistischen Datenpunkt, um (teils wackelige) Aussagen über den Bildungswettbewerb und bildungspolitische Entscheidungen über die Zukunft nationaler Bildungssysteme treffen zu können. Sjøberg verdeutlicht das an kontraintuitiven Studien, deren Ergebnis bspw. war, dass ein gutes Abschneiden in PISA-Tests negativ mit wissenschaftlichen Einstellungen und Interessen korreliert (ebd., S. 51 f). Es besteht demnach die reelle Gefahr, dass wir lehrseitig einerseits zu einem *teaching to the test* tendieren, wie es die US-amerikanische Bildungsforscherin und -beraterin Diane Ravitch (2010) nennt, andererseits Kinder, Jugendliche und (junge) Erwachsene nicht mehr in ihren Interessen und Bedürfnissen

---

40 Weitere Varianten eines solchen Politikstils zeigen sich bspw. in Ausschreibungen des BMBF zur Digitalisierung. In den geförderten Projekten sollten »Grundsatzfragen und Gelingensbedingungen« zugleich verhandelt werden, was verdächtig anmutet – man fragt sich, ob nicht Grundsatzfragen geklärt sein sollten, bevor Wirksamkeitsanalysen durchgeführt werden.

wahr und ernst nehmen. Ein im Mai 2014 übermittelter Protestbrief an die OECD anlässlich des wachsenden negativen politischen Einflusses des PISA-Tests, unterschrieben immerhin von über 2.000 Kolleginnen und Kollegen aus 40 Ländern, hat keine substantielle Veränderung nach sich gezogen.

Auf individueller Ebene spiegelt sich die marktförmige Wettbewerbsidee, die Sjøberg unter »Competition, market thinking and globalization« (Sjøberg 2019, S. 62) fasst. Ankerpunkt dafür ist die Humankapitaltheorie des US-amerikanischen Ökonomen Gary Beckers (1930–2014), die menschlichen Erfolg am individual-ökonomischen misst bzw. den einzelnen Menschen auf seine vermarktbaren Fähigkeiten reduziert. Die Aufgabe öffentlicher Erziehung wird dann auf die Steigerung genau dessen reduziert, wobei häufig vergessen wird: »schools serve the much broader purpose of contributing to the personal, human and social development of the child with an overall aim to help them become well-informed and well-functioning individuals and citizens« (Ebd., S. 68).

Die Maßgaben für pädagogisches Handeln werden demnach, mindestens in der Schule, in dem Sinne politisiert, als sie für die Durchsetzung eines ökonomisch geprägten Menschenbildes eingespannt wird. Genauer handelt es sich um ein neoliberales Menschenbild, das den Wert des Menschen nicht aus der Idee allgemeiner Menschenwürde ableitet, sondern aus dessen Durchsetzungsfähigkeit im globalisierten Arbeitsmarkt. So erfolgt zugleich der Umbau einer entsolidarisierten Gesellschaft sowie das Einüben von Agonalität und Konkurrenz (▶ Kap. 4).

Øyunn Syrstad Høydal, Joakim Finne und Ira Malmberg-Heimonen (2024) bestätigen vorerst diese Vermutung auch für die empirische Forschung zur Digitalisierung der Bildung, wie ihre Meta-Studie zeigt:

> »The dominant technological framing indicates research driven more by technological perspectives than by pedagogical interests. Coupled with the interest in learning outcomes of specific digital tools and the methodological preference for experiments, these finding echo criticism of the current di-

gitalization for being driven by an instrumental efficiency in focus« (ebd., S. 12 f).

Angesichts dieser Datenlage darf berechtigter Zweifel an der Behauptung Andreas Schleichers – dem Verantwortlichen für das PISA-Programm bei der OECD – angemeldet werden, durch Digitalisierung werde das Lernen demokratisiert (Schleicher 2018). Sicherlich sind hier Differenzierungen vorzunehmen zwischen Versprechen und Wirkungen, dabei wird aber offenbar das Auftreten von Kollateralschäden und der Ausschluss von in der pädagogischen Praxis Tätigen über den Modus operandi in Kauf genommen. Zu vermuten ist, dass derzeit supranationale Organisationen der größte Treiber sind, pädagogische Berufsbilder und -ethiken umzubauen.

Die pädagogische Frage kann derzeit ohnehin nicht mehr sein: Sollen wir digitalisieren, und wenn ja, wie? Sie muss viel eher lauten: Wie können wir pädagogische Praxis so digitalisieren, dass die Transformation sowohl unseren wissenschaftlichen und professionellen Ansprüchen wie auch einer deliberativen Demokratie (Habermas 2022b) gerecht wird, d. h. die Aushandlung sozialer Zukünfte und der öffentlicher(!) Bildung zum Prinzip erhebt und gegen ökonomische und politische Vereinnahmungsversuche bewehrt?

Zusammenfassung des zehnten Kapitels: Politisierung erfolgt im Zuge der Digitalisierung als Überformung pädagogischer Praxis durch politische Normen aus der Feder supranationaler Nichtregierungsorganisationen. Die Umsetzung der Policy-Programme wird von nationalen Akteuren angestoßen und vorangetrieben. Dominant sind derzeit empiristische, enggeführte Positionen, die sich teils der demokratischen Kontrolle und des Diskurses entziehen. In der Folge werden ein verändertes Berufsethos, andere Bilder von Pädagogik und Lernenden sowie ein neues Demokratieverständnis erzeugt, das mindestens in Teilen einer Idee von öffentlicher Bildung widerspricht.

Literaturempfehlungen zur weiterführenden Lektüre

- Bellmann, Johannes & Müller, Thomas (Hrsg.) (2011). Wissen, was wirkt. Kritik evidenzbasierter Pädagogik. Wiesbaden: Springer VS. https://doi.org/10.1007/978-3-531-93296-5.
- Biesta, Gert (2013). The Beautiful Risk of Education. London/ New York: Routledge.
- Bilstein, Johannes & Ecarius, Jutta (Hrsg.) (2009): Standardisierung – Kanonisierung. Erziehungswissenschaftliche Reflexionen. Wiesbaden: Springer VS. https://doi.org/10.1007/978-3-531-91726-9.
- Bloem, Simone (2016). Die PISA-Strategie der OECD. Zur Bildungspolitik eines globalen Akteurs. Weinheim/Basel: Beltz Juventa.
- Hartong, Sigrid (2012). Basiskompetenzen statt Bildung? Wie PISA die deutschen Schulen verändert hat. Frankfurt/Main: Campus.

Reflexionsfragen zum zehnten Kapitel:

1. Inwiefern ist die Politisierung von Erziehungswissenschaft und pädagogischer Praxis ein demokratisches Problem? Was ist qualitativ anders/neu am Einfluss durch supranationale NGOs?
2. Wie lässt sich die heutige Nichteinbindung von pädagogischen Fachkräften in sie betreffende politische Entscheidungen bewerten? Handelt es sich dabei um ein neues Phänomen?
3. Wie ließe sich erklären, dass trotz der Kulturhoheit der Länder eine große Einigkeit in der Implementation von Bildungsvorstellungen besteht, die hier als politisiert und empirisiert beschrieben werden?
4. Inwiefern ist Sjøberg und anderen zufolge nicht die angelegte Methodik und ihre Mängel das zentrale Problem der Politisierung?

10 Politisierung

5. Unter welchen Bedingungen ist Schleichers Argument einer Demokratisierung des Lernens im Zuge der Digitalisierung zuzustimmen? Was spricht gegen seine Behauptung?

11 Generierung

Mit dem Aufkommen von ChatGPT, Grok, Copilot et al. hat sich Künstliche Intelligenz (KI) als Buzzword und Generalschlüssel gleichermaßen etabliert – in der Gesellschaft generell, im Journalismus, in der Kunst, aber auch in pädagogischen Kontexten. Obwohl Chatbots nur einen kleinen Teil dessen darstellen, wofür KI genutzt wird, scheinen sie sich als Instrument auch in der pädagogischen Praxis großer Beliebtheit zu erfreuen. Die zentrale Differenz zu (auch sehr komplexen) Algorithmen besteht darin, dass echte KI nicht mehr an durch Menschen vorgegebene Rechenoperationen gebunden ist. Diese Definition ist nicht unumstritten und doch mag sie uns vorerst als Differenzierungsmerkmal dienlich sein, um den KI-Begriff nicht der Beliebigkeit preiszugeben (Buck 2025a).

Large Language Models wie ChatGPT sind jedenfalls Teil dessen, was unter dem Stichwort Generative KI verhandelt wird. Genesis, die Entstehung, trifft den Kern dessen, was KI nun leisten soll: nicht mehr (nur) algorithmisch Informationen zusammenklauben und so aufbereiten, dass diese für Sie und mich verständlich, nützlich und verstehbar sind, sondern Neues generieren, gar kreativ sein (Rosengrün 2024). So reizvoll es ist, wir können uns auf so kleinem Raum leider nicht verlegen auf Begriffsarbeit, die etwa der Frage nachgeht, inwiefern *Kreativität* oder *Intelligenz* nicht genuin menschliche Eigenschaften sind und ob es neue Begriffe bräuchte, um das zu beschreiben, was Künstliche Intelligenzen betreiben (Hoffmann 2022). Stattdessen verbleiben wir auf der Phänomenebene und spüren nach, *was* Sprachmodelle wie KIs generieren und warum das Generierte ggf. aus erziehungswissenschaftlicher Sicht diskussionswürdig ist.

Die leitende These lautet: KIs generieren nicht nur Inhalte, sondern auch Wahrheitsansprüche über das Generierte, das nicht mehr gebunden ist an einen objektiven oder mindestens intersubjektiven

Wahrheits*gehalt* beliebiger Gegenstände. Technisch handelt es sich um eine Nebenwirkung der Kreativität von Chatbots, zu deren Arbeitsweise es zwangsläufig gehört, dass sie sogenannte Halluzinationen bzw. Konfabulationen erzeugen: Textteile, die nicht der Wahrheit entsprechen, aber mit dem selbstsicheren Gestus der Allwissenheit auftreten. Für dieses Kapitel habe ich den Versuch unternommen und einen Chatbot nach fünf zentralen Einführungen in die Ökonomisierung der Bildung gefragt. Von den fünf Ergebnissen waren sämtliche(!) fehlerhaft.[41] Entweder gibt es den angegebenen Titel nicht oder die Autorenschaft war falsch ausgewiesen, während andere, relevante Werke – etwa von Thomas Höhne, Jochen Krautz, Richard Münch – nicht aufgelistet wurden.

Was bei einer solchen Recherche gegebenenfalls nur ärgerlich sein mag, weil Ihnen keine Arbeit abgenommen wird, sondern Sie irgendwann feststellen, dass der Chatbot sie auf eine falsche Fährte gelockt hat, hat dann reale Konsequenzen, wenn etwa in der Sozialen Arbeit bei Chatbots eine Information über rechtliche Bedingungen für die Inobhutnahme von Jugendlichen eingeholt wird oder Lehrkräfte nach legalen Sanktionsmöglichkeiten von Schülerinnen und Schülern recherchieren. Besonders pikant wird es, wenn sich Chatbots selbst bewehren gegenüber dem Verdacht der Generierung von wahrheitswidrigen Inhalten, etwa indem sie ausgedachte Quellen für ihre Aussagen angeben. Von solchen Chatbots, die auf komplexen Algorithmen aufbauen, wissen wir, dass sie in großem Maße

---

41 Der Prompt lautete: »Was sind fünf zentrale Einführungen in die Ökonomisierung der Bildung inkl. Verlag und Erscheinungsort?«, die Ergebnisse waren: 1) Fuchs, Christian (2019): Die Ökonomisierung der Bildung: Eine kritische Analyse. Frankfurt/Main: Westend. 2) Schuster, Klaus P. (2017): Bildung als Ware: Die Ökonomisierung der Bildung im internationalen Vergleich. Wiesbaden: Springer VS. 3) Thränhardt, Dietrich (2011): Ökonomisierung der Bildung: Eine Herausforderung für die Universität. Wiesbaden: VS. 4) Voss, Heinz-Jürgen (2014): Neoliberalismus und Bildung: Die Ökonomisierung der Schule und ihre Folgen. 5) Meyer, Michael W. (2013): Bildung im internationalen Wettbewerb: Die Ökonomisierung des Hochschulsystems. Berlin: Springer.

menschliche Vorurteile und Verzerrungsfehler (Biases) reproduzieren und es »ist erwartbar, dass auch hochkomplexe generative KI-Modelle mit ähnlichen Verzerrungsfehlern und Tendenzen zu Halluzinationen ausgestattet sind, wie es bei den vorigen der Fall war, wenngleich es zahlreiche Versuche (technischer und menschlicher Art) der Fehlerreduktion gibt« (Buck 2025a, S. 181).

Das, was ich anderenorts als Irreversibilitätsproblem bezeichne – die Unmöglichkeit, Wahrheitsansprüche aus dem Generierten selbst zu überprüfen, weil es nicht über seine eigene Genese aufklärt – ist dann nicht nur ein technisches und rechtliches, sondern auch ein pädagogisches Problem, »wenn wir selbst nicht wissen, ob es sich [bei dem Generierten] um die *repraesentatio mundi* handelt oder eher um deren *illusio*« (ebd., S. 187). Es mag nun aber zentral für pädagogische Berufe sein, dass wir unser Handeln an unserem erworbenen Fachwissen ausrichten, dieses verkörpern und rechtlich wie moralisch verantwortlich sind für dessen Folgen in der pädagogischen Praxis.

Bereits 2018 hat die US-amerikanische Journalismusprofessorin Meredith Broussard in ihrem Buch *Artificial Unintelligence* dargelegt, dass ihres Erachtens nicht nur Intelligenz ein niemals erreichbares Ziel für KI darstellt (da diese weder über Bewusstsein noch Empfindungsvermögen noch gesunden Menschenverstand noch Einbildungskraft verfügt), sondern diese einem Paradigma folgt, das sie *Techno-Chauvinismus* nennt. Dahinter steckt der Glaube, dass sich technisch alle Probleme lösen lassen, v. a. seit dem Aufkommen von KI. Broussards These ist, dass die menschliche Praxis sich diesem Denken deswegen nicht unterordnen lässt, da menschliches Handeln in den meisten Fällen irrational und unberechenbar ist.[42] Was der Techno-Chauvinismus allerdings generiert, ist der selbstverstär-

---

42 Die in der Ökonomie und Informatik vorherrschende Vorstellung eines stets rational agierenden Menschen (dem *homo oeconomicus*) wurde in der Soziologie schon lange komplementiert um Menschenbilder und Verhaltenstheorien, die der unstrittigen Irrationalität menschlicher Praxis Rechnung tragen.

kende Glaube daran, mit noch höherer Komplexität auch dieses Problem in den Griff zu bekommen.

Der Deutsche Ethikrat hat in seiner rund vierhundertseitigen Stellungnahme (2023) hingegen klar gegenteilig Stellung bezogen. Bildung stellt darin eines der vier thematisierten Handlungsfelder dar, zu denen er sich verhält, neben der Medizin, der öffentlichen Kommunikation und Meinungsbildung sowie der öffentlichen Verwaltung. Der Ethikrat folgt einem elaborierten Bildungsverständnis, was sich »orientiert [...] an der Fähigkeit des Menschen zu freiem und vernünftigem Handeln [und] das nicht auf behavioristische oder funktionalistische Modelle zu reduzieren ist« (ebd., S. 220). Als zentrale Eigenschaften eines solchen Verständnisses werden Selbstbestimmung und Verantwortung genannt, deren Erreichung ebenso pädagogisches Ziel öffentlicher Bildung sind wie Lernergebnisse und die Anhäufung von Wissen. Die Urteilsfähigkeit des Individuums wie auch die verantwortungsvolle Teilnahme an der Gesellschaft, wie es der Ethikrat nennt, sind nun aber ggf. Erziehungsziele, die sich schlecht bis gar nicht in eine technische (Output-)Logik fassen lassen. Am Beispiel der Schule formuliert der Ethikrat Zweifel daran, ob »affektive Dimensionen und soziale Kontakte« (ebd., S. 223) angemessen abgebildet sind in den präformierten Bildungsvorstellungen, die KI-Modelle – mehr oder minder sichtbar – beinhalten. Mit anderen Worten: KI führt ggf. das fort, was wir in vorigen Kapiteln als ein technisches Denken ausgewiesen haben inkl. all seiner Nebenwirkungen. Der Ethikrat fordert demnach, »dass Lehrkräfte auch in der Lage sind, die Funktionsweise datenbasierter, KI-gestützter Lehr- und Lernsoftware hinsichtlich ihrer didaktischen Leistungsfähigkeit« (ebd., S. 224) einzuordnen, ebenso wie die Einführung der Prüfung digitaler Lehr- und Lernmittel auf ihre didaktische Eignung. Dann sei wohl ein nutzenbringender Einsatz von KI-Anwendungen in pädagogischen Kontexten möglich, was wiederum ihre permanente Evaluation voraussetze.

Die vom Ethikrat formulierten Vorbehalte hinsichtlich eines enggeführten Bildungsbegriffs und seine pädagogischen Folgen werden innerhalb unserer Disziplin teils sehr viel schärfer formuliert. So warnt die Mainzer Erziehungwissenschaftlerin Eva Borst vor dem »Konformitätsdruck« durch ChatGPT et al., »der sich in einer Endlosschleife beständig erneuert« (Borst 2024, S. 202). KI generiere demnach, das passt sich in die These der Wahrheitsanspruchsgenerierung ein, eine herrschende Meinung, die Souveränität und Alterität im Denken unterbinde, gar die »Austreibung des kritischen Denkens« (ebd., S. 203) befördere. Aus Perspektive der Kritischen Erziehungswissenschaft sieht Eva Borst folglich in besonderem Maße die Bildung im engeren Sinne gefährdet. An ihre Stelle rückt das, was Theodor W. Adorno (1903–1969) Halbbildung nannte: Eine zweckrationalisierte, dekadente Form von Bildung, die nicht mehr sich selbst dient, sondern einstimmt in eine »auf Selbstoptimierung, Effizienz und Beschleunigung versessene Gesellschaft« (ebd.).

Sollten unsere Vermutungen stimmen, dass generative KI nicht nur Inhalte generiert, sondern auch Wahrheitsansprüche und technisch dominierte, mit zahlreichen Fehlern versehene und Kritik unterbindende Chauvinismen, führt uns das zu der Frage, unter welchen Bedingungen KI in pädagogischen Handlungszusammenhängen sinnvoll eingesetzt werden kann. Auf den französischen Soziologen Bruno Latour (1994) geht die Idee der sozialen Delegation zurück. Er beschreibt damit den Akt der Überantwortung sozialer Verantwortung an Andere und Anderes – in unserem Fall KI. Wie ich an anderer Stelle (Buck 2025a, S. 182) schrieb, stellt sich für uns nicht so sehr die Frage, *ob* wir pädagogische Tätigkeiten an die KI delegieren können, sondern welche und unter welchen Bedingungen.

Woran es uns bisher mangelt, ist eine systematisch ausgearbeitete Theorie der Digitalisierung, die es uns erlaubt, die uns weit vorauslaufende Empirie angemessen und sinnfällig zu deuten. Erst dann ist eine Bewertung der Frage möglich, was eine legitime Delegation konstituiert. Beispielsweise scheint es auf den ersten Blick relativ unproblematisch zu sein, Stundenpläne oder Besuchszeiten von Klientinnen und Klienten durch eine KI generieren zu lassen. Problematischer wird es dann, sobald Daten, Aussagen und Argumente unserer Adressaten ins Spiel kommen. Können wir beispielsweise verantworten, eine (Vor-)Benotung studentischer Essays durch eine

KI vornehmen zu lassen in der Gefahr, dass diese möglicherweise zentrale Argumente übersieht, deren Erkennung sie qua ihres vorigen Trainings nicht imstande war? In letzter Instanz sind es wir, die dafür einstehen, unsere Praktiken (hier: der Benotung) nach bestem Wissen und Gewissen auszuüben. Die KI bleibt ein Werkzeug, höchstens ein dinglicher Akteur, der weder juristisch noch pädagogisch für seine Entscheidungen einsteht.

All diese Überlegungen setzen eine pädagogische (Berufs-)Ethik voraus, die von einer Verkörperung von Verantwortung ausgeht. Diese leibliche Gebundenheit pädagogischer Professionalität umfasst nicht nur eine pädagogische Problemlösungskompetenz (die in Teilen bereits jetzt hinter den Fähigkeiten von KI-Modellen zurückfallen mag), sondern auch die Fähigkeit, randständige und verdrängte Themen nicht in den Hintergrund rücken zu lassen, weil sie sich bspw. nicht technisch, sondern nur sozial lösen lassen. Hierin sehe ich eine große Aufgabe quasi aller Subdisziplinen, ihre Bereichsethiken und Vorstellungen von Professionalität neu zu bestimmen.

Das Feld der KI entwickelt sich derzeit in kaum zu verfolgender Geschwindigkeit. Dennoch gibt es, das haben Sie hoffentlich aus diesem Kapitel mitgenommen, zahlreiche grundlegende Einwände gegen ihren unwidersprochenen Einsatz in der pädagogischen Praxis. Wir haben einige fachliche Begründungen versammelt, die von der Disziplinarität ausgehen und nicht auf einzelne Anwendungsfälle oder Akteure zurückzuführen sind.[43] Selbstverständlich liegt hier

---

43 Nicolaus Wilder und Nadine Lordick (2025) deuten beispielsweise die Skepsis gegenüber KI-Modellen in freudianischer Lesart als kollektive Kränkung menschlicher Kreativität und Schaffenskraft. Eine ihrer Thesen ist, dass es sich um ein überliefertes Muster der Technikfeindlichkeit handelt, das besonders in der westlichen Welt dominiert.
In diesem Kapitel nicht thematisiert sind individuelle und kollektive Nebenfolgen dessen, was in der Psychologie unter dem Stichwort Parasozialität verhandelt wird: Was passiert mit Heranwachsenden, wenn sie KI-Modelle vermenschlichen und diese als soziales Gegenüber, gar als Freund auffassen?

viel Arbeit vor uns, »bis der theoretische und empirische Rückstand über das bereits Implementierte wieder aufgeholt ist« (Buck 2025a, S. 191).

Zusammenfassung des elften Kapitels: Es besteht der begründete Verdacht, dass KI nicht nur Inhalte, sondern auch Ansprüche auf Geltung und Wahrheit produziert, sich dabei gegenüber Kritik immunisiert und wir so ein Denken einüben, das sich wahlweise als Techno-Chauvinismus oder digitalisierte Halbbildung beschreiben lässt. Der Verweis auf das Nichttechnische pädagogischer Praxis fordert uns auf, eine professionelle Haltung und Ethik zu entwickeln, die sich begründet dazu verhält, was und was nicht legitimerweise an KI delegiert werden kann.

> **Literaturempfehlungen zur weiterführenden Lektüre:**
>
> - Fuchs, Thorsten & Petschner, Paul (2025). Subjektivität, Sozialität, Materialität und Epistemologizität bedenken, Disziplinpolitik betreiben – aus Anlass von ChatGPT & Co. In: Erziehungswissenschaft 36(70), S. 67–76. https://doi.org/10.3224/ezw.v36i1.08.
> - Gulson, Kalervo N./Sellar, Sam/Webb, P. Taylor (2022). Algorithms of Education. How Datafication and Artificial Intelligence Shape Policy. Minneapolis: University of Minnesota Press. https://doi.org/10.5749/9781452968797.
> - Rosengrün, Sebastian (2024): Künstliche Intelligenz zur Einführung. 2. Aufl. Hamburg: Junius.

Reflexionsfragen zum elften Kapitel:

1. Inwiefern unterscheidet sich Broussards Figur des Techno-Chauvinismus von Morozovs Solutionismus? Handelt es sich lediglich um eine Andienung an Technik?

2. War Wahrheit nicht schon vor KI abhängig von Diskursmacht, etwa in Form von Schulbuchverlagen, Lehrkräften, Google? Worin besteht nun der qualitative Unterschied?
3. Nimmt der Deutsche Ethikrat in seiner Stellungnahme einfach nur eine konservative bzw. bewahrpädagogische Position ein? Was spricht dafür, was dagegen?
4. Reduziert der Vorwurf der Halbbildung KI unzulässigerweise auf ihre Funktion als Werkzeug? Kennen Sie andere Bildungstheorien, mit denen die Kritik an KI variiert oder umformuliert werden könnte?
5. Wie schätzen Sie die Fähigkeiten von (angehenden) Lehrkräften ein, eine angemessene Technikfolgenabschätzung vorzunehmen? Wie müsste sich die Lehrerbildung dahingehend verändern (in allen drei Phasen)?

12 Ästhetisierung

Wir haben bereits in Kapitel 7 (▶ Kap. 7) am Beispiel digitaler Knöpfe die Frage nach digitaler Souveränität angeschnitten. Wie kommt es, dass wir ein Vertrauen in die Richtigkeit und Zuverlässigkeit digitaler Werkzeuge und ihrer Benutzeroberflächen (*user interface*, UI) entwickeln? Die hier zu entfaltende These lautet: weil mit der Digitalisierung eine besondere Form der Ästhetisierung einhergeht, die sich phänomenologisch an der UI von Apps und Webseiten demonstrieren lässt und deren Funktionsweise der der Überredung statt argumentativer Überzeugung ist.[44]

Der Reihe nach: Ästhetik bedeutet zunächst im Wortsinne Wahrnehmung. Diese erfolgt zwangsläufig über unsere Sinne. In Kapitel 8 (▶ Kap. 8) haben wir bereits die traditionelle Privilegierung des Sehsinns thematisiert. Im engeren Sinne bedeutet *Wahr-nehmung*, dass wir das Wahrgenommene als wahr anerkennen, weil wir unseren leiblich gebundenen Sinnen vertrauen. Dieses Vertrauen baut auf lebensweltlichen Erfahrungen auf, die wir im Laufe unseres Lebens ansammeln und deren Wiederholung eine Verfestigung des Glaubens in deren Richtigkeit nach sich zieht.[45] Wahrnehmung ist stets intentional, das heißt, es handelt sich immer um die Wahrnehmung *von* etwas, also in einem gegenständlichen Bezug. Zur Er-

---

44 Für wertvolle Hinweise und Gespräche, die teils schon lange Zeit zurückliegen und schließlich zu diesem Kapitel geführt haben, bin ich Richard Kubac und Carlos Willatt zu großem Dank verpflichtet.
45 Unter welchen Bedingungen dieses Vertrauen berechtigt ist, muss an anderer Stelle diskutiert werden. Im Allgemeinen ist der Mensch mit wenig elaborierten Sinnen ausgestattet; für fast alle Wahrnehmungsmodi finden sich in der Tierwelt bessere Beispiele. Auch verweisen Vexierbilder auf die Horizonthaftigkeit und Fehlbarkeit unserer Wahrnehmung, die ein Sprechen über Objektivität in der Wahrnehmung ausgesprochen schwer werden lässt und an ihre Stelle klugerweise die Intersubjektivität setzt.

fahrung wird unsere Wahrnehmung allerdings erst dann, wenn in der Reflexion Sinngebung (das Wahrgenommene) und Sinnbildung (die Wahrnehmung) zusammenkommen. Es handelt sich demnach um einen aktiv-passiven Prozess, der weder einfach passiert noch eine bewusste Handlung unsererseits darstellt, sondern sich im *Zwischen* ästhetisch konstituiert (Willatt 2018, S. 10 ff).

Im Digitalen haben wir es meist mit einer sinnlichen Reduktion auf das Bildliche zu tun, wie wir auch schon in den Kapiteln 4 (▶ Kap. 4) und 8 (▶ Kap. 8) festgestellt haben.[46] Diese Darstellungsform profitiert von der »Macht des Bildes«, wie es Käte Meyer-Drawe (2010) nennt. Am Beispiel bildgebender Verfahren meldet sie Zweifel am »immer wieder aufkommende[n] Enthusiasmus« (ebd., S. 808) an, bisher Ungesehenes sichtbar werden zu lassen – etwa Denk- oder Bildungsprozesse. Meyer-Drawe spricht gar von einer visuell getragenen Denk- und Wahrnehmungshoheit, die vor allem durch die Neurowissenschaften vorangetrieben wird. Bilder verführen uns zu dem, was Carlos Willatt (2018, S. 102 ff) als genuines Moment ästhetischer Erfahrung in der Zeit herausarbeitet: dem Verweilen. Wir geben uns einer Sache hin, weil sie uns in ihren Bann zieht, in uns Faszination ausübt und erst einmal Reflexion und Skepsis hinten anstellt. Im Verweilen nehmen wir die Sinngebung des Bildlichen an, wir erkennen es als kalokagathische Einheit von Wahrem, Schönem und Gutem.[47]

---

46 Von Maurice Merleau-Ponty (1976) wissen wir, dass Wahrnehmung immer synästhetisch funktioniert. Sehen wir an einem heißen Sommertag ein kaltes Glas Apfelschorle, so nehmen wir nicht nur dessen Farbe und Größe wahr, sondern auch dessen Temperatur und (in freudiger Antizipation) den Geschmack. Einem Tisch sehen wir nicht nur seine Farbe an, sondern auch dessen texturelle Beschaffenheit und Härte. Diese der menschlichen Wahrnehmung inhärente Synästhesie ist durch digitale Visualisierungen reduziert.

47 Auf wie viele Arten und Weisen ein solches Verständnis Irrtümern und Reduktionismen aufsitzt, zeigt Tobias Künkler in seiner Studie »Lernen in Beziehung« am Beispiel neuropädagogischer Behauptungen über das Lernen anschaulich (Künkler 2011, S. 179 ff).

12 Ästhetisierung

In pädagogischen Kontexten, vor allem in Bildungsmedien, hat der bewusste Einsatz der überredenden Kraft von Bildern Tradition. Wie Olaf Breidbach (1957–2014) in seiner Studie »Bilder des Wissens« (2005) herausarbeitet, dienen Bilder schon lange dazu, erkenntnispolitische Positionen zu legitimieren, auch wenn diese bereits lange als unwahr gelten. Denken Sie etwa daran, wie im Biologieunterricht mit Hilfe entsprechender Zeichnungen über lange Zeit der Mythos der vier Felder unserer Zunge reproduziert wurde, entgegen aller Erkenntnisse und Empirie. Auch hat Ernst Haeckel seine Biogenetische Grundregel nur zur Popularität verhelfen können, weil er die vermeintliche (!) Ähnlichkeit von menschlichen und tierischen Embryos sowie deren Rekapitulation der Gattungsentwicklung über eigene Zeichnungen als wahr propagiert hat.

In ähnlicher Manier kritisiert der Schweizer Erziehungswissenschaftler Stefan Emmenegger (2023) digitale Benutzeroberflächen/ Dashboards (▶ Kap. 5) bezüglich ihrer ästhetischen Wirkungen. Zugunsten einer bequemen Benutzerführung werden die Komplexität sozialer Zusammenhänge und Prozesse (wie des Lernens) eingeschliffen bzw. verflacht, woran Emmenegger mit Bezug auf Sybille Krämer erinnert. Darin liegt die Gefahr, dass einerseits eine Trivialisierung pädagogischer Adressaten erfolgt, andererseits die ihrer Lernprozesse. Es scheint gar eine Wiederkehr behavioristischer Lerntheorien in Form digitaler Ästhetik erkennbar zu sein; Lernen wird als quantifizierbare und quantifizierte Messgröße vorausgesetzt, auf die wir dann beliebig Einfluss nehmen können sollen. Emmenegger beschreibt die Darstellungsformen von Dashboards als *repräsentational*, was zwar ihren normativen Anspruch widerspiegelt, nicht aber die soziale Realität, denn die Visualisierungstechniken »modellieren ihren Gegenstand (bzw. ihre Konstrukte) als einheitlich, widerspruchsfrei, eindeutig« (ebd., S. 310). Solche Prämissen stehen einer Lerntheorie, die das Lernen als komplexe, widersprüchliche und widerständige Erfahrung begreift (Meyer-Drawe 2005), diametral gegenüber. In den Worten Emmeneggers:

12 Ästhetisierung

»Lernen umfasst die sinnhafte Erschließung der (sozialen, physikalischen, kulturellen usw.) Umwelt durch den Menschen. Dafür sind soziale Aushandlungsprozesse, Widersprüche, Mehrdeutigkeiten, unterschiedliche Perspektiven usw. konstitutiv. Dashboards legen eine Erfahrungswelt nahe, die Mehrdeutigkeiten, Ambivalenzen und Uneindeutigkeiten nivelliert, obwohl diese Uneindeutigkeit der Welt lerntheoretisch Bedingung für Sinnstiftungs-, Aushandlungs- und Problemlösungsprozesse ist« (Emmenegger 2023, S. 316).

Die diagnostizierte und simplifizierende Transformation sozialer Verhältnisse und individueller Prozesse in quantifizierte und visualisierte Formen steht in langer Tradition. Beispielhaft dafür stehen die Volkszählungen des 18. Jahrhunderts, was der St. Galler Kulturwissenschaftler Felix Keller (2009) rekonstruiert hat. »Die Serien von Tabellen erregten eher Widerstände als kollektive Erkenntnisse« (ebd., S. 60), was dazu führte, eine ästhetische Form zu wählen, die schließlich in der Astronomie gefunden wurde. Analog zu Planetenbewegungen und Darstellungen des Sonnensystems werden für demographische, ökonomische und soziale Statistiken graphische Darstellungen gewählt, die in ihrer Form bereits bekannt und so unmittelbar eingängig waren für ihre Rezipienten. In digitalen Visualisierungen wird dieses Prinzip pointiert, wie Emmenegger und andere herausarbeiten. In gewisser Weise immunisiert sich eine graphische Darstellung gegenüber dem Verharren und der Reflexion, weil sie nicht als Darstellungsvorschlag einer wahrscheinlichen(!) Verteilung auftritt, der zugleich immer etwas verbirgt, sondern als vermeintlich unerschütterliche Repräsentation von Realität. Ob damit zugleich das einhergeht, was Roland Reichenbach (2025, S. 111) als »Potential der Imaginationsvernichtung« beschreibt, steht einerseits zu diskutieren und andererseits empirisch zu erforschen.

Die Magdeburger Philosophieprofessorin Eva Schürmann (2024) erinnert an die Perspektivität von Visualität, wie es phänomenologisch bereits Franz Brentano (1838–1917) an der Intentionalität verdeutlicht. So wie sich eine Sache uns immer nur von einer Seite gleichzeitig zeigen kann, »erkennen wir auch im epistemischen

Gegenstandsbezug nur jeweilig begrenzte Aspekte und erzeugen abgeschattete Seiten« (ebd., S. 368). Dabei ist jede visuelle Wahrnehmung zwangsläufig an unseren Leib sowie dessen Bewegung gebunden und sei es auf Ebene der kleinsten Bewegungen der Iris: »Der Leib hat nicht den Charakter eines Werkzeuges, dessen sich ein Subjekt bedient. Er ist vielmehr Medium im Sinne eines Milieus, er steht zwischen Wahrnehmendem und Wahrgenommenen« (ebd., S. 370). Im Zuge der Digitalisierung steht genau diese leibliche Verfasstheit als Prinzip zur Disposition (▶ Kap. 8), was uns immer dann aufmerken lässt, wenn es zur ungeplanten Fehldarstellung kommt. Der Leib fungiert im Regelfall nur noch als Empfänger eines virtuellen Realitätsanspruchs, dessen Virtualität kraft seiner Überredungskraft sich einer Kritik entzieht.[48]

Die Form der visuellen Darstellung gewinnt, das wäre eine daraus zu folgernde These, Oberhand gegenüber dem Inhalt. Was uns am Dargestellten interessiert, ist dann nicht mehr das Dargestellte selbst, sondern die *Affordanzen*, die die Darstellungsform mit sich bringt. Was ist damit gemeint? Das Konzept geht auf den US-amerikanischen Psychologen James Jerome Gibson (1904–1979) zurück, der damit Designprinzipien beschreibt, die einen Aufforderungscharakter gegenüber Menschen haben. Analog dazu, wie ein Stuhl uns dazu auffordert, uns auf ihn zu setzen und ein Henkel einer Teekanne dazu, sie daran anzuheben, fordern uns visuelle Affordanzen zu bestimmten Handlungen auf. Denken Sie bspw. daran, wie beim ersten Besuch einer Webseite der Button zum Akzeptieren aller Cookies farblich hervorgehoben ist, während sich der Button zum Ablehnen davon visuell unterscheidet (ausgegraut, mit kleinerer Schrift versehen etc.). Man spricht in solchen Fällen auch von *Dark Patterns* als visuelle Designprinzipien, die User gegen ihre Interessen (Privatsphäre, informationelle Selbstbestimmung etc.) handeln lassen.

---

48 Dass diese Form durchaus leibliche und soziale Konsequenzen (Zoom Fatigue, Vereinzelung usf.) nach sich zieht, haben Imke Kollmer (2023) sowie mein chilenischer Kollege Carlos Willatt und ich (2023) nachgezeichnet.

12 Ästhetisierung

Im Design-Paradigma fließen unsere phänomenologischen Beobachtungen – Reduktion der Wahrnehmung auf das Visuelle, Gerichtetheit der Wahrnehmung durch die Darstellung, Verflachung pädagogischer Komplexität in modellierender Absicht, visuelle Überredung statt Überzeugung oder Aushandlung – in einer handlungspraktischen Anleitung zusammen. Der Design-Begriff scheint in erster Linie mit Kreativität, Offenheit und Freiheit assoziiert zu werden, weniger mit einem sozialen oder gar pädagogischen Steuerungsanspruch. In Bezug auf den Designanspruch des Bauhaus vermerken Denise Klinge und Jordi Tost (2024, S. 79) kritisch:

»An designte Objekte und Lebenswelten wird die Ordnung und Steuerung des Menschen (nach den Vorstellungen der Bauhaus-Designer) delegiert, und das Milieu des ›Massenmenschen‹ soll als ›kranke Umwelt‹ mit Design saniert werden [], was sich als pädagogisch konstruierte Problem-Lösungssemantik interpretieren lässt.«

Design, so lässt sich vorläufig vermuten, steht mindestens in einem Konkurrenzverhältnis zur Pädagogik. Letztere, so lässt sich eine mögliche Differenz benennen, setzt heutzutage auf Einsicht und Überzeugung ihrer temporären Handlungen, ohne faktische Macht- und Wissensdifferenzen zu leugnen. Design hingegen umgeht im Normalfall die Aushandlung und verführt uns mit dem Ziel des Verweilens am Gegenstand. Es ist erstaunlich, dass das Design-Paradigma auch in pädagogischen Feldern Fuß zu fassen scheint mit Titeln wie *Design your Education!* oder der populärer werdenden Methode des *Design Thinking* in der Hochschuldidaktik (Buck 2025a). Klinge und Tost verweisen darauf, dass in Form des *Kritischen Designs* immerhin eine mögliche bildungstheoretische Antwort existiert, in das Design eingebettete Ideologien oder Hidden Agendas sichtbar zu machen (Klinge & Tost 2024, S. 90). Das setzt allerdings voraus, in pädagogischen Kontexten zusätzlich zur Auseinandersetzung mit einem Gegenstand Zeit und Raum für die Reflexion über die Form zu schaffen.

Anlässe für solche Reflexionen bilden uns zumeist anästhetische Erfahrungen, die wir immer dann machen, wenn sich uns Wahrnehmung als ästhetisches Moment verweigert. Das kann zum Beispiel dann der Fall sein, wenn in gamifizierten Umgebungen kreative Umgänge verhindert werden, geradezu die »Schließung von Verhandlungsspielräumen« (Zulaica y Mugica 2024, S. 30) erfolgt. Oder, woran uns Käte Meyer-Drawe (2010, S. 814) erinnert, wenn visuelle Darstellungen auf etwas verweisen, das sich optisch nicht sichtbar machen lässt (wie etwa die DNS-Doppelhelix oder das Atommodell). Insofern ist Anästhetik stets mit Ästhetik verbunden, sie ist gar ihre Kehrseite, wie es Wolfgang Welsch (2017, S. 12) nennt. Als doppeltes Phänomen lässt sich so eine Reflexionsebene einziehen, die bspw. die Thesen zur Krise der Einbildungskraft und dem Verlust der inneren Bilder (Reichenbach 2025, S. 106) informiert und theoretisch fundiert diskutieren lässt, jenseits von konkreten Wirkungen und Nebenwirkungen ästhetisierter Pädagogik. Als möglicher Gegenstand dafür können Memes bilden, die inzwischen auch Gegenstand erziehungswissenschaftlicher Erforschung geworden sind.

Zusammenfassung des zwölften Kapitels: Es besteht der begründete Verdacht, dass im Zuge der Digitalisierung eine bestimmte Ästhetisierung pädagogischer Praktiken erfolgt. Diese ist gekennzeichnet durch das Primat der Bildlichkeit, die ihrerseits eine bestimmte Überredungskraft und die Aussetzung von Reflexion mit sich bringt. Soziale Verhältnisse und individuelle Prozesse werden ihrer Komplexität zugunsten einer bekömmlichen Darstellungsfähigkeit reduziert. Nach dem Designparadigma entworfene Bildungsmedien stehen gar im Verdacht, pädagogischen Zielen und Methoden entgegenzustehen.

Literaturempfehlungen zur weiterführenden Lektüre

- Ahlborn, Juliane (2024). KI – Kunst – Bildung. Wie komplexe algorithmische Systeme das Verhältnis von Kunst, Ästhetik und Bildung verschieben. In: Leineweber, Christian/Waldmann, Maximilian/Wunder, Maik (Hrsg.): Materialität – Digi-

talisierung – Bildung. Bad Heilbrunn: Klinkhardt. https://doi.org/10.35468/5979-13.
- Feige, Daniel Martin (2019) [2018]. Design. Eine philosophische Analyse. 2. Aufl. Berlin: Suhrkamp.
- Hartong, Sigrid (2024). Nicht determinierend, aber doch stark regulierend. Eine Studie zu Design und pädagogischen Wirkungen der Antolin-Leselernplattform. In: Hartong, Sigrid & Renz, André (Hrsg.): Digitale Lerntechnologien. Von der Mystifizierung zur reflektierten Gestaltung von EdTech. Bielefeld: transcript. S. 43–62. https://doi.org/10.14361/9783839468937-004.
- Jörissen, Benjamin/Klepacki, Leopold/Flasche, Viktoria/Zahn, Manuel (2025). Wahrnehmungskrisen – Generative Künstliche Intelligenz als Herausforderung pädagogischer und erziehungswissenschaftlicher Wahrnehmungsweisen. In: Sturm, Tanja/Tervooren, Anja/Schmidt, Melanie/Bärmig, Sven/Grunau, Thomas/Thaler, Isabel/Grunau, Sabrina/Ritter, Michael/Wrana, Daniel (Hrsg.): Krisen und Transformationen. Anschlüsse an den 29. Kongress der Deutschen Gesellschaft für Erziehungswissenschaft. Opladen: Budrich. S. 419–430. https://doi.org/10.2307/jj.26657240.32.
- Kammerl, Rudolf/Kramer, Michaela/Müller, Jane/Potzel, Katrin/Tischer, Moritz/Wartberg, Lutz (2023). Dark Patterns und Digital Nudging in Social Media – wie erschweren Plattformen ein selbstbestimmtes Medienhandeln? Expertise für die Bayerische Landeszentrale für neue Medien. Baden-Baden: Nomos. https://www.blm.de/files/pdf2/blm-schriftenreihe_110.pdf.

Reflexionsfragen zum zwölften Kapitel

1. Was spricht für, was spricht gegen die These einer erhöhten Visualisierung des Pädagogischen durch die Digitalisierung? Gab es nicht schon vorher zahlreiche illustrierte Bücher, Schulfilme usw.?

2. Inwiefern mögen Memes in der Pädagogik als Argument für die digitalisierende Ästhetisierung dienen? Was schaffen sie, was verhindern sie?
3. Wenn wir an das Verhältnis von Verbergen und Zeigen denken, was verbergen *pädagogische* Apps, Portale, Oberflächen etc.?
4. Inwiefern stehen ein bildendes Freiheitsversprechen (etwa in den Figuren der Mündigkeit oder Indvdualisierung) im Spannungsverhältnis zu sequentiellen und prädeterminierten Darstellungsformen?
5. Welche Räume für die Reflexion und Diskussion über Affordanzen und ästhetische Überredung bestehen, wenn mit der Digitalisierung die Versprechen der Effizienzsteigerung und Beschleunigung des Lernens einhergehen?

Zwischenfazit

Im Laufe der raschen Veränderung der Bildung durch Digitalisierung auch nur ein Zwischenfazit ziehen zu wollen, ist und bleibt ein riskantes Unterfangen. Dennoch möchte ich mit Ihnen rekapitulieren, welche Differenzierungen, Ambivalenzen und Widersprüche wir in den vorangegangenen Kapiteln vermerkt haben. Hierzu bleibt zunächst festzustellen: Die den Kapiteln ihre Überschriften leihenden Veränderungen sind noch nicht in einer Weise relationiert, wie es einer systematischen Theorie gerecht würde. Einige der thematisierten Transformationen (Technisierung, Mediatisierung) sind Voraussetzungen für und laufende Prozesse der digitalisierenden Transformationen, andere sind intendierte Folgen, wiederum weitere sind Nebenfolgen der Digitalisierung.

Als unstrittige Voraussetzung für Digitalisierungsprozesse gelten die Überführung von Daten sowie die Datenhaltung und -pflege in digitaler Form. Besonders die Sammlung großer Datenmengen im Bildungsbereich (Big Data) und ihre Auswertung (Learning Analytics) stellen derzeit dynamische Felder der Veränderung dar. Als Argumente für die Technisierung unserer nichttechnischen Praxis werden traditionell Entlastungsversprechen angeführt. Der Preis für diese ist dann eine mögliche Transformation pädagogischen Denkens, das sich an zweckrationalen Logiken orientiert und die Kontingenz und Komplexität sozialer, v.a. pädagogischer Prozesse (Lernen, Bildung, Erziehung, Unterricht usf.) einschleift zugunsten einer technischen Denkweise.

Wir haben dann am Prozess der Mediatisierung festgestellt, dass sich der Medienkonsum von Kindern und Jugendlichen verändert – allerdings nicht so drastisch wie häufig durch journalistische Medien dargestellt. Für den Umgang mit einem veränderten Medienalltag hat vor allem die Subdisziplin der Medienpädagogik Konzepte erarbeitet – Medienkompetenz und Medienbildung –, die dieser Veränderung Rechnung tragen sollen. Im Feld der Schule und Hochschule sind es vor allem Bildungsmedien, die von der Digitalisierung betroffen sind. Auch hier gibt es Versuche, diese Veränderung produktiv zu wenden, etwa in Form des Augsburger Analyse- und Evaluationsrasters (AAER).

Als besondere Form digitalisierender Transformationen haben wir uns mit der Gamification beschäftigt. Darin werden gesellschaftliche Praxen mit spielförmigen Elementen versehen (Punkte, High Scores, virtuelle Währungen) mit dem Ziel der Motivationssteigerung. Darin zeigt sich einerseits eine Veränderung pädagogischer Methoden und Ziele, andererseits eine Normalisierung unserer Adressaten entlang eines zuvor erdachten Idealusers. Als Argument für Gamification wird (wie schon in reformpädagogischen Konzepten) ihre Lebensweltnähe ins Feld geführt, wobei verkannt wird, dass v. a. die Schule einen großen Teil ihres Wertes aus der Tatsache zieht, nicht Lebenswelt zu spiegeln.

Im fünften Kapitel haben wir uns der Überwachung als digitalisierende Transformation zugewandt. Das heißt, dass Daten nicht einfach nur gesammelt und zum Vorteil pädagogischer Adressaten ausgewertet werden, sondern zugleich eine Überwachung deren Leistung, Lernfortschritts usf. erfolgt. Zentral dafür ist der Vergleich mit anderen, sodass irgendwann eine Internalisierung der Überwachung erfolgt. Mit Shoshanna Zuboff konnten wir herausarbeiten, dass es sich um eine konsequent kapitalistische Form der Verhaltenssteuerung handelt, die zugleich potentiell demokratiegefährdende Tendenzen mit sich bringt.

Digitalisierung diskriminiert. Das ist zwar einerseits notwendige Voraussetzung für ihr Funktionieren, da Software notwendigerweise mit diskreten bzw. binären Unterscheidungen operiert. Andererseits bedeutet dies, dass die exklusive Logik Normalität – Abweichung auch auf digitale Anwendungen ausgeweitet werden kann. An vier Dimensionen der Diskriminierung (digitaler Sexismus, Rassismus, Ableismus, Klassismus) haben wir verdeutlicht, wie diese in der digitalen Transformation wirken und einander intersektionell bestärken können.

Zwischenfazit

Der Prozess der Algorithmisierung, das haben wir im siebenten Kapitel erörtert, beschleunigt diese Form der Unterscheidung von Usern nach bestimmten Merkmalen. Dabei sind Algorithmen nicht neu, können aber aufgrund ihrer Undurchsichtigkeit unintendierte Nebenfolgen nach sich ziehen. An den Beispielen der Empfehlungsalgorithmen und digitalen Knöpfen wurde ersichtlich, welche pädagogischen Probleme sie potentiell erzeugen. Sie reproduzieren potentiell menschlich eingebrachte Vorurteile und führen uns in eine Form solutionistischen Denkens, das nicht mehr von den Notwendigkeiten unserer Praxis ausgeht, sondern nach Problemen sucht, die sich algorithmisch lösen lassen.

Im Prozess der Virtualisierung findet nicht nur eine arbeitserleichternde Enträumlichung und Entzeitlichung von Lern- und Bildungsprozessen statt. Auch bedeutet sie, dass sich potentiell eine Ent-Leiblichung und Desozialisierung vollzieht. Am Konzept der Augmented Reality haben wir zeigen können, dass es sich bei der Virtualität zwar nicht um ein genuin digitales Phänomen handelt, wohl aber die Digitalisierung Entgrenzungsprozesse stark beschleunigt und dabei unsere Wahrnehmungsweisen unter Privilegierung des Sehsinns prädeterminiert. Synästhetische, leibliche Momente werden eingeschliffen zugunsten einer potentiell rezeptiven, solipsistischen, anonymen Form der Virtualität.

Unter digitalisierender Ökonomisierung haben wir uns mit Aspekten der Transformation beschäftigt, die über die Kommodifizierung von Daten hinausgehen. Vor dem Hintergrund des comparative turns ist es vor allem das Konkurrenzverhältnis, in das vor allem Kinder und Jugendliche versetzt werden. Diese werden zu pädagogischen Ich-AGs, die für Lern- und Bildungserfolge zunehmend selbst verantwortlich sind. Zugleich sind es neue Strukturen im Bildungsbereich, über die Wirtschaftsunternehmen Einfluss üben. Am Beispiel von Stiftungen haben wir das nachgezeichnet. Als viable Alternative zu proprietären Anbietern stehen Open-Access-Lösungen zur Verfügung, die eine Kontrolle über Datenströme ermöglichen und Datenschutz sicherstellen.

Zwischenfazit

Mit dem Stichwort der Politisierung haben wir eine Transformation besehen, die Individuen in ein politisches Programm der Bildung einspannt, was unter anderem durch supranationale Organisationen (OECD, Unesco usw.) definiert und auf nationaler Ebene implementiert wird. Im Zuge der Digitalisierung wird die Strategie der Evidenzbasierung der Pädagogik als neoliberales Programm des New Public Managements intensiviert. Die Konsequenzen dessen zeigen sich in einer Umorganisation von Schule wie in einem Menschenbild, das einer Hyperfokussierung auf Leistung den Vorrang gibt vor einer Idee der Bildung im pädagogischen Sinne.

Im elften Kapitel haben wir einen Blick auf die Generierung als Eigenheit bestimmter Künstlicher Intelligenz geworfen. Dabei hat sich der Verdacht erhärtet, dass generative KI nicht nur Inhalte zu schöpfen imstande ist, sondern auch Ansprüche auf Wahrheit und Geltung von Wissen. Unter den Stichworten digitalisierte Halbbildung und Techno-Chauvinismus haben wir uns mit zwei Deutungsmustern beschäftigt, die die Unzulänglichkeiten und Nebenwirkungen einer enthusiastischen Inanspruchnahme von KI kritisch hinterfragen.

Im letzten Kapitel haben wir uns der Ästhetisierung durch Digitalisierung zugewandt. Die diesbezüglich zentrale These lautet, dass die fortlaufende Digitalisierung über bestimmte ästhetische Darstellungsformen eine Privilegierung der Form gegenüber dem Inhalt produziert, die in eine Rückkehr der Kalokagathie, der Einheit des Schönen, Wahren und Guten, führen mag. Am Beispiel digitaler Benutzeroberflächen haben wir exemplarisch zeigen können, dass dort bestimmte Affordanzen produziert werden, die einer Designidee Vorrang vor einer pädagogischen Aushandlung bzw. prinzipiellen Kritisierbarkeit verschaffen, dabei aber disziplinäre Erkenntnisse und Theoriebestände – etwa zur Komplexität und Opazität von Lernprozessen – in Vergessenheit zu geraten lassen drohen.

Die hier in der Breite dargelegten Beobachtungen repräsentieren Phänomene, wie sie sich uns im Zuge der voranschreitenden Digitalisierung zeigen. Zu jedem der einzelnen Kapitel ließen sich umfangreiche Arbeiten verfassen, die den rasch wachsenden Stand der empirischen Forschung in gleicher Weise einbeziehen wie sämtliche theoretische Positionen. Das würde allerdings Aufgabe und Ziel einer Einführung verfehlen. Auch haben wir zugunsten der Kompaktheit nur sehr eingeschränkt historische Herleitungen bestimmter Phänomene vorgenommen, die in Fußnoten mitunter angedeutet wurden. Ich hege die große Hoffnung, dass Sie diese Hinweise zum Anlass einer vertiefenden Lektüre nehmen, mit oder ohne die angegebenen Empfehlungen am Ende der jeweiligen Kapitel.

Das bisher Thematisierte bleibt auch deswegen prototheoretisch, weil die hier diskutierten Phänomene nicht auf ein gemeinsames Problem antworten – etwa: Inwiefern sind Lern- und Bildungsprozesse von der Digitalisierung affiziert? –, sondern aus der Beobachtung heraus an einer initialen Differenzierung des chimärenhaften Digitalisierungsbegriffs arbeiten. Selbstverständlich ließe sich jedes Kapitel weiter auffächern, so könnten wir zur Technisierung umfängliche Untersuchungen zur (pädagogischen) Technikgeschichte, zur Technikphilosophie (Verhältnis Mensch – Technik; Praxis-Poiesis-Differenz etc.), zur Technikethik (Asimovs Gesetze der Robotik, legitime und illegitime Delegation), zur Technikdidaktik usw. vornehmen.

Stattdessen haben wir elf Phänomene der digitalisierenden Transformation pädagogischer Praxis erörtert, mit dem Ziel differenzierter und somit kritischer über sie sprechen zu können. Dabei stehen diese Transformationen nicht in einem distinkten Verhältnis zueinander, sondern folgen einer analytischen, temporären Trennung. Nehmen Sie als Beispiel die relativ weit verbreitete Quiz-App *Kahoot*, mit der Sie in Klassenzimmern und Hörsälen interaktive Abfragen erstellen können. Sie lässt sich einerseits deuten als Mediatisierung unterrichtlichen bzw. lehrenden Geschehens, aber auch als Gamification dessen, als Ökonomisierung und Ästhetisierung. Jedes der jeweiligen Kapitel liefert zusätzliche Möglichkeiten, Veränderungen pädagogischer Praxis beschreibbar und somit verstehbar zu machen.

Dabei gibt es unstrittigerweise bestimmte Transformationen, die notwendig sind für das, was wir im alltäglichen Sprachgebrauch als

Zwischenfazit

Digitalisierung verstehen. Die Vernetzung von informationsverarbeitenden Maschinen, die Überführung von Wissen und Problemen in maschinenlesbare Informationen, die Internetzentrierung im Sinne Morozovs (2014, S. 17 ff) machen überhaupt erst möglich, was politisch und bildungspraktisch kontrovers diskutiert wird.

Nehmen wir das Beispiel des Cybermobbings als Phänomen, das es notwendigerweise nicht vor der Digitalisierung gegeben hat, wann auch immer diese ihren definitorischen Beginn genommen haben soll. Ist es damit zugleich Folge *der* Digitalisierung oder kann Cybermobbing als Iteration, Verstärkung, Beschleunigung bereits vorher existierenden Praktiken der Zurschaustellung, der Hänselei, des Nachstellens, der Beleidigung, der Gewaltandrohung usf. verstanden werden? So ließe sich etwa mit den erarbeiteten Argumenten in Kapitel 8 (▶ Kap. 8) vorbringen, dass die Entleiblichung im virtuellen Raum und die mit ihr einhergehende Anonymisierung bestimmte Möglichkeitsräume für Handlungen eröffnet, die – pars pro toto für die Technik stehend – für gute wie schlechte Zwecke gleichermaßen genutzt werden kann. Alternativ lässt sich der Frage nachgehen, ob – denken Sie an Kapitel 10 (▶ Kap. 10) – das Cybermobbing Ausdruck einer Politisierung junger Menschen hinsichtlich ihres neoliberal geformten Konkurrenzverhältnisses zueinander ist und eine Wiederkehr einer Idee von Solidarität gebietet. Unstrittig ist, dass digitalisierte Umwelten Diskriminierung (▶ Kap. 6) befördern.

Was wir an diesem Beispiel sichtbar machen können, ist, dass eine theoretische Annäherung an ein bestimmtes Problem dann produktiv ist, wenn wir uns dem unmittelbaren Handlungsdruck der Praxis entledigen. Weder können wir allgemeingültige Empfehlungen für pädagogische Maßnahmen gegen Cybermobbing aussprechen, noch würden wir damit dem Erfahrungsreichtum der Praxis gerecht werden, der bisher kaum Eingang in die bisher spärliche Theoriebildung zur Digitalisierung gefunden hat. Wohl aber können wir eine spezifisch pädagogische Haltung des Fragens entwickeln, die zugleich davon differenziert, wie unsere Nachbardisziplinen Psychologie und Soziologie diese Probleme beschreiben und wie sich deren Perspektiven von unserer unterscheiden. Meine Position ist: Eine spezifisch pädagogische Annäherung erfolgt weder rein empirisch noch individuell, ist gleichermaßen nicht auf das situative Lernen reduziert, sondern nimmt biographische und bildende Prozesse genauso in den Blick wie unsere einheimische Operation des Zeigens im Medium einer sozial und ethisch dimensionierten Praxis.

Für die Auffächerung eines Problems stehen uns diverse erprobte und theoretisch fundierte Möglichkeiten zur Verfügung, die ebenso als Leitkategorien für eine Einführung denkbar gewesen wären. So ließe sich fragen, wie sich anthropologische, methodologische und teleologische Merkmale der Erziehung und Bildung im Zuge der Digitalisierung transformieren. Mit anderen Worten: Wie verändern sich Menschenbilder in diesem Prozess, wie verändern sich pädagogische Praktiken und wie verändern sich Ziele öffentlicher Erziehung und Bildung, bspw. mit Blick auf die Kategorien der Mündigkeit, Digital Literacy oder Digitalisierungskompetenz?

Alternativ könnten wir von den verschiedenen Theoriefamilien unserer Disziplin aus fragen, auf welche Arten und Weisen sich pädagogische Praxis im Zuge der Digitalisierung verändert. Lerntheoretisch bspw. stellt sich die in dieser Einführung bereits skizzierte Frage nach der Wiederkehr behavioristischer Vorstellungen vom Lernen, während sich schultheoretische Fragen nach der Neubestimmung öffentlicher Erziehung in einer stetig digitalisierteren Welt aufdrängen. Bildungstheoretisch bleibt beispielsweise zu erörtern, unter welchen Bedingungen Digitalisierung Bildungsprozesse fördern oder hemmen kann (denken Sie an die digitale Halbbildungsthese Eva Borsts), und erziehungstheoretisch etwa, ob Digitalisierung zu einer Abkehr von erziehendem Unterricht führt. Professionstheoretisch mag man der Frage nachgehen, ob Digitalisierung die Komplexität diverser Antinomien im Handeln von Lehrkräften löst oder ihnen neue hinzufügt, während didaktisch die Frage im Raum steht, ob Digitalisierung zu einer Re- oder De-Didaktisierung von Unterricht führt.

Eine dritte Ergänzung bestünde in der Differenzierung nach Lebensaltern oder Arbeitsfeldern, von der Frühpädagogik bis zur Geragogik. Auch hier bestehen beliebige Möglichkeiten der Steigerung von Komplexität in Form feiner Ausdifferenzierungen. Diese Einführung in Form einer kleinen Phänomenologie der Digitalisierung pädagogischer Praxis hat mit der Beschreibung lebensweltlicher Transformationen einen anderen Weg beschritten. Ich hoffe damit einerseits Ihnen Denkanstöße geliefert zu haben, die zu einer differenzierten Wahrnehmung führen und gleichzeitig einen Beitrag zu einem Feld geliefert zu haben, das durch einen empirischen und theoretischen Rückstand gegenüber dem in der Praxis vorfindlichen Reformeifer (Buck 2025a) gekennzeichnet ist.[49] Neben systematischen Alternativen ließen sich selbstverständlich auch in größerem Maße englischsprachige Diskurse einbeziehen. Auch diese wurden hier zwecks Beibehaltung des einführenden Charakters stark reduziert.

An anderer Stelle haben Carlos Willatt und ich (Buck & Willatt 2024) die Vermutung geäußert, dass in der digitalisierten pädagogischen Praxis potentiell eine Wiederkehr antipädagogischer Denkweisen erfolgt, die jeden erzieherischen Einfluss als illegitim verwirft und sich stattdessen auf eine Rhetorik der unverbindlichen Lernbegleitung stützt, die zwangsläufig in eine pädagogische Selbstentmächtigung mündet. Im Zuge jenes Essays werfen wir die Frage auf, wie die Perspektive auf den Kopf zu stellen wäre: Welche bereits digitalisierten oder sich auf dem Weg dorthin befindlichen Praktiken verweigern sich dieser Transformation und müssten demnach analogisiert werden? Unsere Vermutung ist, dass wir über einen solchen Blickwechsel einen konstruktiven Beitrag zu einer Neubestimmung der Eigenheit pädagogischer Praxis liefern können,

---

49 Eine alternative theoretische Perspektive läge etwa darin, Subjektivierung statt Bildung in den Mittelpunkt des Erkenntnisinteresses zu stellen und konstruktivistische und poststrukturalistische Perspektiven auf Digitalisierung zu Wort kommen zu lassen, etwa zum Studieren (Stockinger 2024), zur Gamification (Gröschner & Jergus 2023), zum Ideologiebegriff und zur Politisierung (Dander 2018), zu posthumanistischen Transformationen (Schenk 2025) und zum Optimierungsimperativ (Schröder/Thompson/Ferraro 2021).

der weit über einen Fragehorizont hinausgeht, welche Chancen und Grenzen die Digitalisierung für bestimmte Handlungsfelder eröffnet. Aufgrund der raschen Veränderung – sowohl der Praxis als auch ihrer Erforschung – besteht keine geringe Gefahr, dass diese Einführung in fünf Jahren einer gründlichen Überarbeitung bedarf. Allerdings wurde konzeptionell der Versuch unternommen, durch eine Abstraktion von den jeweils demonstrativen Beispielen die in der empirischen Forschung eingelagerte Gefahr der Halbwertszeit des Wissens zu umgehen. Es bleiben reizvolle Forschungsgegenstände bestehen, die zum Teil erst ex post sinnfällig beforscht werden können. Wie sich bspw. die von Annina Förschler (2018) ermittelten Lobby-Netzwerke verändern, lässt sich in actu nur mit großer Mühe erforschen. Erwartbar ist, dass die Zahl intermediärer Akteure abnehmen wird, diese aber im Umfang und Einfluss zunehmen werden.

Auch wird sich erst in einigen Jahren empirisch zeigen, ob die Befürchtung, mit Digitalisierungsprozessen gehe mit erwartbarer Wahrscheinlichkeit eine Banalisierung, Trivialisierung und Lernifizierung pädagogischer Praxis einher, zutrifft. Insofern ist es nur folgerichtig, dass wir in der jetzigen Situation unsere theoretische Forschung – die zwangsläufig und stets auf Empirie bezogen ist (Bellmann 2020) – auf die Differenzierung eines nur scheinbar eindeutigen, zwangsläufigen, notwendigen und teils gegenüber Kritik immunisierten Prozesses der Digitalisierung ausrichten. Meine Hoffnung besteht, dass diese kleine Einführung Sie dazu anstiftet.

Open-Source-Software und Online-Anwendungen für Schule und Studium

Anwendungszweck	Anwendung/Webseite	Anmerkung
Browser	WaterFox https://www.waterfox.net/	Win/macOS/Linux/Android
Office-Anwendungen	LibreOffice https://de.libreoffice.org/	Win/macOS/Linux/Android
Kollaboratives Arbeiten (webbasiert)	CryptPad https://cryptpad.org/	Ende-zu-Ende-verschlüsselt Kostenlos + Bezahlmodelle
Datenspeicher/Cloud	NextCloud https://nextcloud.com/de/	Web/Win/macOS/Linux/Android/iOS
Suchmaschine	DuckDuckGo https://duckduckgo.com/	
Messenger	Signal https://signal.org/	Android/iOS/Win/macOS/Linux
Videokonferenzen	BigBlueButton https://bigbluebutton.org/	Web
	Jitsi https://jitsi.org/	Web/Android/F-Droid/iOS

Anwendungszweck	Anwendung/Webseite	Anmerkung
Zitationsverwaltung	JabRef https://www.jabref.org/	Win/macOS/Linux
	Zotero https://www.zotero.org/	Web/Win/macOS/Linux/iOS
Statistik	R https://www.r-project.org/	Win/Linux/macOS
QDA (Qualitative Datenanalyse)	TAGUETTE https://app.taguette.org/	Win/Linux/macOS
	QualCoder https://qualcoder.wordpress.com/	Win/Linux/macOS

Aktualisierte Listen finden sich hier:

https://fossee.in/

https://github.com/zefanja/awesome-opensource-school

https://www.gnu.org/software/free-software-for-education.html

Literaturverzeichnis

Agostini, Evi (2026). Phänomenologische Erziehungswissenschaft. In: Buck, Marc Fabian & Bossek, Jan Frederik (Hrsg.), Strömungen und Denkstile der Pädagogik. Bad Heilbrunn: Klinkhardt. I.V.

Albert, Mathias/Quenzel, Gudrun/de Moll, Frederick (2024). Jugend 2024. 19. Shell Jugendstudie. Weinheim: Beltz.

Allert, Heidrun (2020). Algorithmen und Ungleichheit. In: medien + erziehung 64(3), S. 26–32. https://doi.org/10.21240/merz/2020.3.9.

Anders, Florentine (2024). Digitale Kompetenzen – 40 Prozent der Jugendlichen sind abgehängt. In: Deutsches Schulportal. https://web.archive.org/web/2 0250220081941/https://deutsches-schulportal.de/bildungsforschung/icils-2 023-eickelmann-digitale-kompetenzen-40-prozent-der-jugendlichen-sind-ab gehaengt/ (Memento vom 20.02.2025).

Armila, Päivi/Sivenius, Ari/Stanković, Biljana/Juutilainen, Lauri (2024). Digitalization of Education: Commodification Hidden in Terms of Empowerment? In: Postdigital Science and Education 6, S. 556–571. https://doi.org/10.1007/s42438-022-00347-8.

Bach, Clemens (2023). Die erziehende Technik der bildenden Digitalisierung. Historisch-systematische Betrachtungen zu einer Strategie der Ideologie. In: Leineweber, Christian/Waldmann, Maximilian/Wunder, Maik (Hrsg.), Materialität – Digitalisierung – Bildung. Bad Heilbrunn: Klinkhardt. S. 13–29. https://doi.org/10.25656/01:26351.

Bayer, Michael (2024). Einführung in die Bildungssoziologie. Stuttgart: Kohlhammer. https://doi.org/10.17433/978-3-17-040481-6.

Behrendt, Hauke (2024). Was ist digitale Teilhabe? Anmerkungen zu den Gefahren digitaler Spaltung in einer zunehmend vernetzten Welt. In: Schwartz, Maria/Neuhaus, Meike/Ulbricht, Samuel (Hrsg.), Digitale Lebenswelt. Philosophische Perspektiven. Berlin/Heidelberg: Metzler. S. 127–142. https://doi.org/10.1007/978-3-662-68863-2_9.

Bellmann, Johannes (2020). Theoretische Forschung – Unterscheidung und Bezeichnung eines spezifischen Modus der Wissensproduktion. In: Zeitschrift für Pädagogik 66(6), S. 788–806. https://doi.org/10.25656/01:25813.

Bellmann, Johannes & Müller, Thomas (Hrsg.) (2011). Wissen, was wirkt. Kritik evidenzbasierter Pädagogik. Wiesbaden: Springer VS. https://doi.org/10.1 007/978-3-531-93296-5.

Bettinger, Patrick & Jörissen, Benjamin (2021). Medienbildung. In: Sander, Uwe/ Gross, Frederike von/Hugger, Kai-Uwe (Hrsg.), Handbuch Medienpädagogik. Wiesbaden: Springer VS. S. 1–13. https://doi.org/10.1007/978-3-658-25090-4_10-1.

Biesta, Gert (2007). Why ›what works‹ won't work. Evidence-based practice and the democratic deficit in educational research. In: Educational Theory 57(1), S. 1–22. https://doi.org/10.1111/j.1741-5446.2006.00241.x

Biesta, Gert (2010). Why ›what works‹ still won't work. From Evidence-Based Education to Value-Based Education. In: Studies in Philosophy and Education 29, S. 491–503. https://doi.org/10.1007/s11217-010-9191-x.

Böhnnisch, Lothar (1999). Sozialpädagogik und Sozialpolitik. Gemeinsame Traditionslinien und ihre aktuellen Bezüge. In: Zeitschrift für Pädagogik, Beiheft 39, S. 261–276. https://doi.org/10.25656/01:9391.

Borst, Eva (2024). Fast Food für den Geist. Bildungstheoretische Reflexionen über ChatGPT. In: Dander, Valentin/Grünberger, Nina/Niesyto, Horst/Pohlmann, Horst (Hrsg.), Bildung und Kapitalismus. München: kopaed. S. 201–210.

Breidbach, Olaf (2005). Bilder des Wissens. Zur Kulturgeschichte der wissenschaftlichen Wahrnehmung. München: Fink.

Breil, Patrizia (2023). Virtuelle Blicke. Zur unmittelbaren Leiberfahrung als Ursprung von Ethik. In: Buck, Marc Fabian & Zulaica y Mugica, Miguel (Hrsg.), Digitalisierte Lebenswelten. Bildungstheoretische Reflexionen. Stuttgart: J.B. Metzler. S. 129–145. https://doi.org/10.1007/978-3-662-66123-9_7.

Brinkmann, Malte (2009). Fit für PISA? – Bildungsstandards und performative Effekte im Testregime. Vorschläge zur theoretischen und pädagogischen Differenzierung von Bildungsforschung und Aufgabenkultur. In: Bilstein, Johannes & Ecarius, Jutta (Hrsg.), Standardisierung – Kanonisierung. Erziehungswissenschaftliche Reflexionen. Wiesbaden: Springer VS. S. 97–116. https://doi.org/10.1007/978-3-531-91726-9_5.

Broussard, Meredith (2018). Artificial Unintelligence. How Computers Misunderstand the World. Cambridge: MIT Press.

Bruderer, Herbert (2020) [2015]. Meilensteine der Rechentechnik. 2 Bde. 3. Aufl. Berlin/Bosten: De Gruyter Oldenbourg.

Buck, Günther (2019) [1967]. Lernen und Erfahrung. Epagogik. Herausgegeben von Malte Brinkmann. Wiesbaden: Springer VS. https://doi.org/10.1007/978-3-658-17098-1.

Buck, Marc Fabian (2015). Erziehung, Kompetenzorientierung und Social Engineering. In: Krause, Sabine & Breinbauer, Ines Maria (Hrsg.), Im Raum der Gründe. Einsätze theoretischer Erziehungswissenschaft IV. Würzburg: Königshausen & Neumann. S. 247–265.

Literaturverzeichnis

Buck, Marc Fabian (2017). Gamification von Unterricht als Destruktion von Schule und Lehrberuf. In: Vierteljahrsschrift für wissenschaftliche Pädagogik, 93(2), S. 268-282.

Buck, Marc Fabian (2020). Of Chimæras and Trojan Horses – Critical Remarks on Digitalization in Democratic Societies. In: Binder, Ulrich & Drerup, Johannes (Hrsg.), Demokratieerziehung und die Bildung digitaler Öffentlichkeit. Wiesbaden: Springer VS. S. 183-196. https://doi.org/10.1007/978-3-658-28169-4_11.

Buck, Marc Fabian (2023). Ökonomisierung der Bildung. Eine Einführung. Weinheim: Beltz. https://doi.org/10.25656/01:29138.

Buck, Marc Fabian (2025a). Pädagogische Verantwortung, Generative KI, Irreversibilität und Genetisches Zeigen. In: Vierteljahrsschrift für wissenschaftliche Pädagogik 101(2), S. 179-196.

Buck, Marc Fabian (2025b). Ökonomisierung der Bildung. Triebfeder sozialer Ungleichheit. In: vorgänge 247/248, S. 49-61.

Buck, Marc Fabian & Willatt, Carlos (2024). New Wine Into Old Wineskins? On the Recurrence of Anti-Pedagogical Ideas in Digital Education. In: Colloquium 16(1), S. 113-125. https://doi.org/10.34813/08coll2024.

Bünger, Carsten (2013). Die offene Frage der Mündigkeit. Studien zur Politizität der Bildung. Paderborn: Schöningh.

Calmbach, Marc/Flaig, Bodo/Gaber, Kusanna/Gensheimer, Tim/Möller-Slawinski, Heide/Schleer, Christoph/Wiesniewski, Naima (2024). Wie ticken Jugendliche? SINUS-Jugendstudie 2024. Lebenswelten von Jugendlichen im Alter von 14 bis 17 Jahren in Deutschland. Bonn: Bundeszentrale für politische Bildung. https://www.bpb.de/549285.

Caruso, Marcelo (2019). Geschichte der Bildung und Erziehung. Paderborn: Schöningh/UTB.

Caruso, Marcelo (2021). Jahrgangsklassen – Entstehung und Durchsetzung. In: Zeitschrift für Pädagogik 67(2), S. 155-165. https://doi.org/10.3262/ZP2102155.

Damberger, Thomas & Iske, Stefan (2017). Quantified Self aus bildungstheoretischer Perspektive. In: Biermann, Ralf & Verständig, Dan (Hrsg.), Das umkämpfte Netz. Macht- und medienbildungstheoretische Analysen zum Digitalen. Wiesbaden: Springer VS. S. 17-36. https://doi.org/10.1007/978-3-658-15011-2_2.

Dammer, Karl-Heinz (2024). Der bildungspolitische Diskurs um die »Digitale Welt«. In: Lehren & Lernen 50(1), S. 44-49. https://doi.org/10.25656/01:32079.

Dander, Valentin (2018). Ideologische Aspekte von »Digitalisierung«. Eine Kritik des bildungspolitischen Diskurses um das KMK-Strategiepapier »Bildung in der digitalen Welt«. In: Leineweber, Christian & de Witt, Claudia (Hrsg.), Digitale Transformation im Diskurs. Kritische Perspektiven auf Entwicklungen und Tendenzen im Zeitalter des Digitalen. Hagen: FernUniversität in Hagen. S. 252–279. https://doi.org/10.18445/20181025-111103-0.

Dander, Valentin/Grünberger, Nina/Niesyto, Horst/Pohlmann, Horst (Hrsg.) (2024). Bildung und digitaler Kapitalismus. München: kopaed

Deny, Philipp/Priedigkeit, Marvin/Weich, Andreas (2022). Zwischen Vertrauen und Kontrolle. Postdigitale Medienkonstellationen im schulischen Unterricht. In: Fuchs, Eckhardt & Otto, Marcus (Hrsg.), In Education we trust? Vertrauen in Bildung und Bildungsmedien. Göttingen: V&R unipress. S. 247–254. https://doi.org/10.14220/9783737015097.247.

Deterding, Sebastian/Dixon, Dan/Khaled, Rilla/Nacke, Lennart (2011). From game design elements to gamefulness: defining »gamification«. In: Lugmayr, Artur/Franssila, Heljä/Safran, Christian/Hammouda, Imed (Hrsg.), MindTrek ›11: Proceedings of the 15th International Academic MindTrek Conference: Envisioning Future Media Environments. New York: Association for Computing Machinery. S. 9–15.

Deutscher Ethikrat (2023). Mensch und Maschine – Herausforderungen durch Künstliche Intelligenz. Stellungnahme. Berlin: Deutscher Ethikrat. https://web.archive.org/web/20250118113756/https://www.ethikrat.org/filead min/Publikationen/Stellungnahmen/deutsch/stellungnahme-mensch-und-maschine.pdf (Memento vom 18. Januar 2025).

Dill, Katja (2023). Gender bias in Suchmaschinen. Zu den mimetischen Prozessen der Informationsintermediäre. In: Leineweber, Christian/Waldmann, Maximilian/Wunder, Maik (Hrsg.), Materialität – Digitalisierung – Bildung. Bad Heilbrunn: Klinkhardt. S. 129–140. https://doi.org/10.25656/01:26358.

Dörpinghaus, Andreas (2015). Theorie der Bildung. Versuch einer »unzureichenden« Grundlegung. In: Zeitschrift für Pädagogik 61(4), S. 464–480. https://doi.org/10.25656/01:15372.

Drerup, Johannes (2020). [Art.] Paternalismus. In: Weiß, Gabriele & Zirfas, Jörg (Hrsg.), Handbuch Erziehungs- und Bildungsphilosophie. Wiesbaden: Springer VS. S. 245–256. https://doi.org/10.1007/978-3-658-19004-0_22.

Drerup, Johannes & Dessauer, Aaron Voloj (2016). Von kleinen Stupsern und großen Schubsern – Politik und Ethik des Libertären Paternalismus auf dem Prüfstand. In: Zeitschrift für Praktische Philosophie 3(1), S. 347–436.

Emmenegger, Stefan (2023). Digitale Benutzeroberflächen im Horizont von Lernen. Dashboards – technischer Gewinn, pädagogischer Verlust? In: Leineweber, Christian & de Witt, Claudia (Hrsg.), Digitale Erfahrungswelten im Diskurs. Interdisziplinäre Beiträge zum Verhältnis von Erfahrung und Digitalität. Hagen: Hagen University Press. S. 293–326. https://doi.org/10.57813/20231106-125447-0.

Eickelmann, Birgit/Fröhlich, Nadine/Bos, Wilfried/Gerick, Julia/Goldhammer, Frank/Schaumburg, Heike/Schwippert, Knut/Senkbeil, Martin/Vahrenhold, Jan (Hrsg.) (2023). ICILS 2023 #Deutschland. Münster: Waxmann. https://doi.org/10.31244/9783830999492.

Engartner, Tim (2020). Ökonomisierung schulischer Bildung. Analysen und Alternativen. Berlin: Rosa-Luxemburg-Stiftung. https://www.rosalux.de/publikation/id/42166/oekonomisierung-schulischer-bildung.

Ernst, Julian (2023a). Zum Verstehen algorithmischer Empfehlungen. Sozialphänomenologische Exploration der lebensweltlichen Erscheinung von Empfehlungsalgorithmen und ihrer Potenziale für Prozesse der Medienbildung. In: Buck, Marc Fabian & Zulaica y Mugica, Miguel (Hrsg.): Digitalisierte Lebenswelten. Bildungstheoretische Reflexionen. Stuttgart: J.B. Metzler. S.205–230. https://doi.org/10.1007/978-3-662-66123-9_11.

Ernst, Julian (2023b). Diesseits von Code. Lebensweltliche Erfahrung von Empfehlungsalgorithmen und didaktische Zugänge für die Medienpädagogik. In: Leineweber, C. & de Witt, C. (Hrsg.), Digitale Erfahrungswelten im Diskurs: Interdisziplinäre Beiträge zum Verhältnis von Erfahrung und Digitalität. Hagen: Hagen University Press. S. 115–137. https://doi.org/10.57813/20230727-112233-0.

Feige, Daniel Martin (2024). Technik und Praxis. Zur Spezifik der digitalen Transformation. In: Schwarz, Maria/Neuhaus, Meike/Ulbricht, Samuel (Hrsg.), Digitale Lebenswelt. Pilosophische Perspektiven. Wiesbaden: Springer VS. S. 29–38. https://doi.org/10.1007/978-3-662-68863-2_3.

Fey, Carl-Christian & Matthes, Eva (Hrsg.) (2017). Das Augsburger Analyse- und Evaluationsraster für analoge und digitale Bildungsmedien (AAER). Grundlegung und Anwendungsbeispiele in interdisziplinärer Perspektive. Bad Heilbrunn: Klinkhardt.

Förschler, Annina (2018). Das »Who is who?« der deutschen Bildungs-Digitalisierungsagenda – eine kritische Politiknetzwerk-Analyse. In: Pädagogische Korrespondenz (58), S. 31–52. https://doi.org/10.25656/01:21106.

Friedrich, Björn (2024). free your web! Medienpädagogische Angebote für ein freies Internet. In: Dander, Valentin/Grünberger, Nina/Niesyto, Horst/Pohlmann, Horst (Hrsg.),: Bildung und Kapitalismus. München: kopaed. S. 257–266.

Frost, Ursula (Hrsg.) (2006). Unternehmen Bildung. Die Frankfurter Einsprüche und kontroverse Positionen zur aktuellen Bildungsreform. Vierteljahrsschrift für wissenschaftliche Pädagogik 82, Sonderheft.

Gädecke, Eik & Hofhues, Sandra (2024). Mehrwert OER?! Kritische Einlassungen zwischen Euphorie und Euphemisierung im Hochschulbereich. In: Dander, Valentin/Grünberger, Nina/Niesyto, Horst/Pohlmann, Horst (Hrsg.), Bildung und Kapitalismus. München: kopaed. S. 347–359.

Gapski, Harald (Hrsg.) (2015). Big Data und Medienbildung. Zwischen Kontrollverlust und Souveränität in der digitalen Welt. Düsseldorf/München: kopaed. https://doi.org/10.25656/01:11634.

Gapski, Harald (2023). Politische Bildung in der »algorithmischen Sozialmaschine« und die neue digitale Aufklärung. In: Wochenschau. Politik und Wirtschaft unterrichten. Sek. I+II. Sonderausgabe. Lehrerheft 74, S. 58–62. https://doi.org/10.25656/01:27100.

Gerick, Julia (2021). Bildungsgerechtigkeit in einer digitalisierten Welt – Herkunftsbedingte Unterschiede und Perspektiven für Schule und Unterricht. Berlin: Heinrich-Böll-Stiftung. https://web.archive.org/web/20250110143458/https://www.boell.de/de/2021/04/15/bildungsgerechtigkeit-in-einer-digitalisierten-welt (Memento vom 10.01.2025).

Gericke, Christina (2020). Wissenspolitik der Vernetzung. Zur Politik der Partnerschaft von Schule und Wirtschaft. Weinheim: Beltz.

Gewerkschaft Erziehung und Wissenschaft [GEW] (2019). Aktivitäten der Digitalindustrie im Bildungsbereich. Frankfurt: GEW. https://web.archive.org/web/20220804105529/https://www.gew.de/index.php?eID=dumpFile&t=f&f=91790&token=76e262551195777636f30dc9c5d78ceccf8db8bf&sdownload=&n=DigitalI (Memento vom 04.08.2022).

Gramelsberger, Gabriele (2024b). Simulation. In: Arnold, Florian/Bernhardt, Johannes C./Feige, Daniel Martin/Schröter, Christian (Hrsg.), Digitalität von A bis Z. Bielefeld: transcript. S. 301–307.

Gröschner, Caroline & Jergus, Kerstin (2023). Zwischen Edutainment und politischer Bildung? Rückfragen zu Bildung in einer digitalen Kultur. In: Buck, Marc Fabian & Zulaica y Mugica, Miguel (Hrsg.), Digitalisierte Lebenswelten. Bildungstheoretische Reflexionen. Stuttgart: J.B. Metzler. S. 289–306. https://doi.org/10.1007/978-3-662-66123-9_15.

Gruber, Karl (1986). Daten und Schule. Datenschutz für Lehrer/innen u. Schüler/innen; Dokumente u. Argumente zur EDV-mäßigen Verarbeitung von Personaldaten im Schulbereich. Ludwigsburg: Süddeutscher Pädagogischer Verlag.

Habermas, Jürgen (2022a) [1981]. Theorie kommunikativen Handelns. 2 Bde. Berlin: Suhrkamp.
Habermas, Jürgen (2022b). Ein neuer Strukturwandel der Öffentlichkeit und die deliberative Politik. Berlin: Suhrkamp.
Han, Byung-Chul (2013). Digitale Rationalität und das Ende des kommunikativen Handelns. Berlin: Matthes & Seitz.
Helsper, Werner/Kramer, Rolf-Thorsten/Thiersch, Sven (Hrsg.) (2014). Schülerhabitus. Theoretische und empirische Analysen zum Bourdieuschen Theorem der kulturellen Passung. Wiesbaden: Springer VS. https://doi.org/10.1007/978-3-658-00495-8.
Herbart, Johann Friedrich (1806). Allgemeine Pädagogik aus dem Zwecke der Erziehung abgeleitet. Göttingen: Röwer. https://mdz-nbn-resolving.de/urn:nbn:de:bvb:12-bsb10926689-8.
Höhne, Thomas (2015). Technologisierung von Bildungsmedien. In: Die Deutsche Schule 117(1), S. 8–19. https://doi.org/10.25656/01:25909.
Höhne, Thomas (2020). Smart-Learning?! – Digitalisierung und ökonomisierte Lernkultur in der Schule. In: Bildung und Erziehung 73(2), S. 183–196.
Höhne, Thomas & Schreck, Bruno (2009). Private Akteure im Bildungsbereich. Eine Fallstudie zum schulpolitischen Einfluss der Bertelsmann Stiftung am Beispiel von SEIS (Selbstevaluation in Schulen). Weinheim: Juventa.
Høydahl, Øyunn Syrstad/Finne, Joakim/Malmberg-Heimonen, Ira (2024). The framing of educational digitalization: Ascoping review of empirical studies. In: European Journal of Education 59(4), S. 1–16. https://doi.org/10.1111/ejed.12695
Hoffmann, Christian Hugo (2022). Is AI intelligent? An assessment of artificial intelligence, 70 years after Turing. In: Technology in Society 68, S. 1–12. https://doi.org/10.1016/j.techsoc.2022.101893
Horwath, Ilona (2022). Algoritihmen, KI und soziale Diskriminierung. In: Schnegg, Kordula/Tschuggnall, Julia/Voithofer, Caroline/Auer, Manfred (Hrsg.), Inter- und multidisziplinäre Perspektiven der Geschlechterforschung. Innsbrucker Gender Lectures IV. Innsbruck: Innsbruck University Press. S. 72–101. https://doi.org/10.15203/99106-067-3.
Huizinga, Johan 2004 [1938]. Homo ludens. Vom Ursprung der Kultur im Spiel. 19. Aufl. Reinbek: Rowohlt.
Humboldt, Wilhelm von (1960) [~1792]. Theorie der Bildung des Menschen. In: ders., Werke in fünf Bänden, Bd. 1. Hrsg. v. Andreas Flitner & Klaus Giel. Stuttgart: Cotta. S. 234–240.
Iske, Stefan (2023). Medienkompetenz und Medienbildung. In: Informationen zur politischen Bildung Nr. 355. Bonn: bpb. https://web.archive.org/web/2

0240304105847/https://www.bpb.de/shop/zeitschriften/izpb/medienkom petenz-355/539926/medienkompetenz-und-medienbildung/ (Memento vom 4. März 2024).

Jörissen, Benjamin & Marotzki, Winfried (2009). Medienbildung – Eine Einführung. Bad Heilbrunn: Klinkhardt/UTB.

Kabaum, Marcel & Anders, Petra (2020). Warum die Digitalisierung an der Schule vorbeigeht. Begründungen für den Einsatz von Technik im Unterricht in historischer Perspektive. In: Zeitschrift für Pädagogik 66(3), S. 309–322. https://doi.org/10.25656/01:25796.

Kammerl, Rudolf & Irion, Thomas (2021). ›Digitale Bildung‹: Eine kurze Replik zum Beitrag »›Digitale Bildung‹ wird zu einer Einflugschneise für die IT-Wirtschaft« von Horst Niesyto. In: medien + erziehung, 65(3), 58–63. https://doi.org/10.21240/merz/2021.3.15.

Karcher, Martin (2019). Einige Herausforderungen für erziehungswissenschaftliche Forschung durch Digitalisierung: eine Replik zum Beitrag von Denise Klinge »Dokumentarische Methode und digitale Artefakte – zur Rekonstruktion der Vermittlungsweisen von Apps«. In: Amling, Steffen/Geimer, Alexander/Schondelmayer, Anne-Christin/Stützel, Kevin/Thomsen, Sarah (Hrsg.), Jahrbuch Dokumentarische Methode 1. Berlin: ces. S. 131–136. https://doi.org/10.21241/ssoar.65688.

Karcher, Martin (2023). Kritik der kybernetischen Regierung im Bildungswesen. Weinheim: Beltz.

Karcher, Martin/Voß, Christin /Höhne, Thomas (2020). Wolkige Verheißungen. Die Schul-Cloud als Mittel der Technologisierung von Schule und Lernen. In: Zeitschrift für Pädagogik 66(3), S. 324–340. https://doi.org/10.25656/01:25797.

Kasch, Stephanie & Dreßler, Jens (2023). Die Simulation im Spannungsfeld von Sache und Lebenswelt. Eine Ortsbestimmung. In: Buck, Marc Fabian & Zulaica y Mugica, Miguel (Hrsg.), Digitalisierte Lebenswelten. Bildungstheoretische Reflexionen. Stuttgart: J.B. Metzler. S. 271–287. https://doi.org/10.1007/978-3-662-66123-9_14.

Keller, Felix (2009). Sternkarten des Sozialen. Erfahrungsdruck und statistische Form. In: Zeitschrift für Kulturwissenschaften 3(1), S. 57–69.

Klafki, Wolfgang (1958): Didaktische Analyse als Kern der Unterrichtsvorbereitung. In: Die Deutsche Schule 50 S. 450–471.

Klinge, Denise & Tost, Jordi (2024). Design als Vergangenheit, Gegenwart und Zukunft der Medienpädagogik. In digitale Technologien eingeschriebene Zeitgeister, Affordanzen und pädagogische Imaginationen. In: MedienPädagogik 21, S. 71–100. https://doi.org/10.21240/mpaed/jb21/2024.09.04.X.

Koller, Hans-Christoph (2023). Bildung anders denken. Einführung in die Theorie transformatorischer Bildungsprozesse. 3. Aufl. Stuttgart: Kohlhammer.

Kollmer, Imke (2023). Universitäre Seminare als Lebenswelt. Zu den Konstitutionsbedingungen erkenntnisorientierter Lehre und ihrer strukturellen Verunmöglichung in asynchronen digitalen Lehrveranstaltungen. In: Buck, Marc Fabian & Zulaica y Mugica, Miguel (Hrsg.): Digitalisierte Lebenswelten. Bildungstheoretische Reflexionen. Berlin/Heidelberg: Metzler. S. 327–346. https://doi.org/10.1007/978-3-662-66123-9_17.

Kranzberg, Melvin (1986). Technology and History: »Kranzberg's Laws«. In: Technology and Culture 27(3), S. 544–560. https://doi.org/10.2307/3105385.

Künkler, Tobias (2011). Lernen in Beziehung. Zum Verhältnis von Subjektivität und Relationalität in Lernprozessen. Bielefeld: transcript.

Kultusministerkonferenz der Länder [KMK] (2016). Bildung in der digitalen Welt. Strategie der Kultusministerkonferenz. Berlin: Sekretariat der KMK. https://www.kmk.org/fileadmin/Dateien/pdf/PresseUndAktuelles/2018/Digitalstrategie_2017_mit_Weiterbildung.pdf.

Kultusministerkonferenz der Länder [KMK] (2021). Lehren und Lernen in der digitalen Welt. Die ergänzende Empfehlung zur Strategie »Bildung in der digitalen Welt«. Berlin: Sekretariat der KMK. https://www.kmk.org/fileadmin/Dateien/veroeffentlichungen_beschluesse/2021/2021_12_09-Lehren-und-Lernen-Digi.pdf.

Laner, Iris (2024). Gemeinsam die Welt retten. Zusammen spielen als Antwort auf die Probleme pädagogischer Vereinzelung. In: Weiß, Gabriele (Hrsg.), Ludifizierung und Gamification. Digitale Entgrenzungen und Transformationen des Spiels. Weinheim/Basel: Beltz-Juventa. S. 59–73.

Latour, Bruno (1994). On Technical Mediation – Philosophy, Sociology, Genealogy. In: Common Knowledge 3(2), S. 29–64.

Leineweber, Christian & Wunder, Maik (2021). Zum optimierenden Geist der digitalen Bildung. Bemerkungen zu adaptiven Lernsystemen als sozio-technische Gefüge. In: MedienPädagogik 42, S. 22–46. https://doi.org/10.21240/mpaed/42/2021.03.08.X.

Marques, Marcelo/Graf, Lukas/Rohde-Liebenau, Judith (2023). Forming a supranational boundary-spanning policy regime – European intersectoral coordination in education and employment. In: Journal of Education and Work 36(7–8), S. 524–541. https://doi.org/10.1080/13639080.2023.2275780.

Martens, Kerstin (2007). How to Become an Influential Actor – The ›Comparative Turn‹ in OECD Education Policy. In: Martens, Kerstin/Rusconi, Allesandra/Leuze, Kathrin (Hrsg.), New Arenas in Education Governance. The Impact of

International Organizations and Markets on Educational Policy Making. New York: Palgrave Macmillan. S. 40–56.

McElvany, Nele/Schwabe, Franziska/Bos, Wilfried/Holtappels, Heinz Günther (Hrsg.) (2024). Digitalisierung in der schulischen Bildung. Chancen und Herausforderungen. Münster: Waxmann.

McGuirk, James & Buck, Marc Fabian (2019). Leibliche (Lern-)Erfahrung qua Augmented Reality. In: Brinkmann, Malte/Türstig, Johannes/Weber-Spanknebel, Martin (Hrsg.), Leib – Leiblichkeit – Emobodiment. Pädagogische Perspektiven auf eine Phänomenologie des Leibes. Wiesbaden: Springer VS. S. 405–423. https://doi.org/10.1007/978-3-658-25517-6_22.

McLuhan, Marshall (1964). Understanding Media. The Extensions of Man. London/New York: Routledge. https://archive.org/details/ETC0624/.

Meder, Norbert (2000). Wissen und Bildung im Internet – in der Tiefe des semantischen Raumes. In: Marotzki, Winfried/Meister, Dorothee M./Sander, Uwe (Hrsg.), Zum Bildungswert des Internet. Wiesbaden: VS. S. 33–56. https://doi.org/10.1007/978-3-322-97472-3_3.

Medienpädagogischer Forschungsverbund Südwest [MPFS] (2024). JIM-Studie 2024. Jugend, Information, Medien. Stuttgart: MPFS. https://web.archive.org/web/20241213113250/https://mpfs.de/app/uploads/2024/11/JIM_2024_PDF_barrierearm.pdf (Memento vom 13.12.2024).

Merleau-Ponty, Maurice (1976) [1945]. Phänomenologie der Wahrnehmung. 6. Aufl. Berlin: De Gruyter.

Meyer, Roland 2024. Überwachung. In: Arnold, Florian/Bernhardt, Johannes C./Feige, Daniel Martin/Schröter, Christian (Hrsg.): Digitalität von A bis Z. Bielefeld: transcript. S. 337–346.

Meyer-Drawe, Käte (2005). Anfänge des Lernens. In: Zeitschrift für Pädagogik, Beiheft 49, S. 24–37. https://doi.org/10.25656/01:7782.

Meyer-Drawe, Käte (2010). Die Macht des Bildes – eine bildungstheoretische Reflexion. Zeitschrift für Pädagogik 56(6), S. 806–818. https://doi.org/10.25656/01:7170.

Mezirow, Jack (1997). Transformative Erwachsenenbildung. Übersetzt von Karl Arnold. Baltmannsweiler: Schneider Hohengehren.

Morozov (2014) [2013]. To Save Everything, Click Here. The Folly of Technological Solutionism. London: Penguin.

Moser, Heinz (2019). Einführung in die Medienpädagogik. Aufwachsen im digitalen Zeitalter. Wiesbaden: Springer VS. https://doi.org/10.1007/978-3-658-23208-5.

Niesyto, Horst (2017). Medienpädagogik und digitaler Kapitalismus. Für die Stärkung einer gesellschafts- und medienkritischen Perspektive. In: MedienPädagogik 27, S. 1–29. http://dx.doi.org/10.21240/mpaed/27/2017.01.13.X.

Niesyto, Horst (2021). ›Digitale Bildung‹ wird zu einer Einflugschneise für die IT-Wirtschaft. medien + erziehung 65(1), S. 23–28. https://doi.org/10.21240/merz/2021.1.12

Oelkers, Jürgen (2005). Reformpädagogik. Eine kritische Dogmengeschichte. 4. Aufl. Weinheim/München: Juventa.

Organisation for Economic Co-operation and Development [OECD] (2001). Learning to Change – ICT in Schools. CERI Series. Paris: OECD. https://doi.org/10.1787/19900716.

Organisation for Economic Co-operation and Development [OECD] (2010). Are the New Millennium Learners Making the Grade? Technology use and educational performance in PISA 2006. CERI Series. Paris: OECD. https://doi.org/10.1787/9789264076044-en.

Orwat, Carsten (2019). Diskriminierungsrisiken durch Verwendung von Algorithmen. Baden-Baden: nomos. https://web.archive.org/web/20211018131648/https://www.antidiskriminierungsstelle.de/SharedDocs/downloads/DE/publikationen/Expertisen/studie_diskriminierungsrisiken_durch_verwendung_von_algorithmen.pdf?__blob=publicationFile&v=3 (Memento vom 18.01.2021).

Pötzsch, Holger & Buck, Marc Fabian (2023). Digitalisierung, Daten, Eigentum: Bildung im digitalen Kapitalismus. In: Güney, Selma/Hille, Lina/Porak, Laura/Theine, Henrik (Hrsg.), Eigentum, Medien, Öffentlichkeit. Verhandlungen des Netzwerks Kritische Kommunikationswissenschaft. Frankfurt/Main: Westend. S. 385–406. https://doi.org/10.53291/OFDA5558.

Pongratz, Ludwig (1978). Zur Kritik kybernetischer Methodologie in der Pädagogik. Ein paradigmatisches Kapitel szientistischer Verkürzung pädagogisch-anthropologischer Reflexion. Frankfurt/Main: Peter Lang. https://tuprints.ulb.tu-darmstadt.de/1909/.

Postman, Neil (1987) [1982]. Das Verschwinden der Kindheit. Frankfurt/Main: S. Fischer.

Prange, Klaus (2012). Die Zeigestruktur der Erziehung. Grundriss der Operativen Pädagogik. 2. Aufl. Paderborn: Schöningh.

Radtke, Frank-Olaf (2003). Die Erziehungswissenschaft der OECD – Aussichten auf die neue Performanz-Kultur. In: Erziehungswissenschaft 14(27), S. 109–136.

Ratinho, Elias & Martins, Cátia (2023). The role of gamified learning strategies in student's motivation in high school and higher education: A systematic review. In: Heliyon 9(8), S. 1–16. https://doi.org/10.1016/j.heliyon.2023.e19033.

Ravitch, Diane (2010). The Death and Life of the Great American School System. How Testing and Choice Are Undermining Education. New York: Basic Books.

Redecker, Anke (2020). Kontrollsubjekte in der digitalisierten Lehrer/innenbildung. Zur Reflexion medialer Möglichkeiten in Schule und Hochschule. In: Kaspar, Kai/Becker-Mrotzek, Michael/Hofhues, Sandra/König, Johannes/Schmeinck, Daniela (Hrsg.), Bildung, Schule und Digitalisierung. Münster: Waxmann. S. 473–478. https://doi.org/10.31244/9783830992462.

Redecker, Anke (2023). Die Abgründe der Anwesenheit und die Anmaßungen der Abwesenden. Zur Phänomenologie leiblichen Lernens in digitalen Räumen. In: Buck, Marc Fabian & Zulaica y Mugica, Miguel (Hrsg.), Digitalisierte Lebenswelten. Bildungstheoretische Reflexionen. Heidelberg: Metzler. S. 27–46. https://doi.org/10.1007/978-3-662-66123-9_2

Reichenbach, Roland (2017). Theoriefreie Bildungsforschung. In: Rucker, Thomas (Hrsg.), Erkenntnisfortschritt in der Disziplin? Bad Heilbrunn: Klinkhardt. S. 127–138.

Reichenbach, Roland (2025). Die Pädagogik der Privilegierten. Ein Essay. Stuttgart: Kohlhammer.

Roeske, Adrian (2021). Datafizierung, Daten(quellen) und die (Re)produktion digitaler Ungleichheiten in Schule und Schulsozialarbeit. In: Freier, Carolin/König, Joachim/Manzeschke, Arne/Städtler-Mach, Barbara (Hrsg.), Gegenwart und Zukunft sozialer Dienstleistungsarbeit. Chancen und Risiken der Digitalisierung in der Sozialwirtschaft. Wiesbaden: Springer VS. S. 333–346. https://doi.org/10.1007/978-3-658-32556-5_23.

Rohstock, Anne (2013). Bologna als amerikanisches Kind des Kalten Krieges. Westliche Universitäten zwischen institutionellem Erbe und Weltkultur, 1945–2011. In: Buck, Marc Fabian & Kabaum, Marcel (Hrsg.), Ideen und Realitäten von Universitäten. Frankfurt/Main: Peter Lang. S. 63–84.

Rosengrün, Sebastian (2024): Künstliche Intelligenz zur Einführung. 2. Aufl. Hamburg: Junius.

Sailer, Michael/Hense, Jan Ulrich/Mayr, Sarah Katharina/Mandl, Heinz (2016). How gamification motivates: An experimental study of the effects of specific game design elements on psychological need satisfaction. In: Computers in Human Behavior 69, S. 371–380. https://doi.org/10.1016/j.chb.2016.12.033.

Schäfer, Hilmar (Hrsg.) (2016). Praxistheorie. Ein soziologisches Forschungsprogramm. Bielefeld: transcript. https://doi.org/10.14361/9783839424049.

Schaumburg, Heike (2024). Personalisierung mit digitalen Medien. In: Brägger, Gerold & Rolff, Hans-Günther (Hrsg.), Handbuch Lernen mit digitalen Medien. 3. Aufl. Weinheim/Basel: Beltz. S. 697-716.

Schenk, Sabrina (2025). Der ›Homo digitalis‹ und seine Spezies im Anthropozän. In: MedienPädagogik 63, S. 1-20. https://doi.org/10.21240/mpaed/63/2024.09.12.X.

Schenk, Sabrina & Karcher, Martin (2018b). Überschreitungslogiken und die Grenzen des Humanen. Intro. In: dies. (Hrsg), Überschreitungslogiken und die Grenzen des Humanen. (Neuro-)Enhancement – Kybernetik – Transhumanismus. Wittenberger Gespräche V. Halle-Wittenberg: Martin-Luther-Universität. S. 7-26.

Schleicher, Andreas (2018). »Durch die Digitalisierung wird das Lernen demokratisiert«. In: Deutsches Schulportal. https://web.archive.org/web/20231025165659/https://deutsches-schulportal.de/unterricht/durch-die-digitalisierung-wird-das-lernen-demokratisiert/ (Memento vom 25. Oktober 2023).

Schmidt, Francesa & Shephard, Nicole (2021). Geschlechtergerechtigkeit. Intersektionale Perspektiven auf den Digital Gender Gap. In: Piallat, Chris (Hrsg.), Der Wert der Digitalisierung. Bielefeld: transcript. S. 263-270. https://doi.org/10.1515/9783839456590-011.

Schrape, Niklas (2014). Gamification and Governmentality. In: Fuchs, Mathias/Fizek, Sonia/Ruffino, Paolo/Schrape, Niklas (Hrsg.), Rethinking Gamification. Lüneburg: meson press. S 21-46. https://doi.org/10.14619/001.

Schröder, Sabrina/Thompson, Christiane/Ferraro, Estella (2021). Editorial: Pädagogisches Wissen im Lichte digitaler und datengestützter Selbstoptimierung. Eine Einleitung. In: MedienPädagogik 45, S. i-xix. https://doi.org/10.21240/mpaed/45/2021.12.20.X.

Schröter, Christian (2024). Algorithmnus. In: Arnold, Florian/Bernhardt, Johannes C./Feige, Daniel Martin/Schröter, Christian (Hrsg.), Digitalität von A bis Z. Bielefeld: transcript. S. 13-22.

Schürmann, Eva (2024). Visualität. In: Arnold, Florian/Bernhardt, Johannes C./Feige, Daniel Martin/Schröter, Christian (Hrsg.), Digitalität von A bis Z. Bielefeld: transcript. S. 367-378.

Sjøberg, Svein (2019). The PISA-syndrome – How the OECD has hijacked the way we perceive pupils, schools and education. In: Confero 7(1), S. 12-65. https://doi.org/10.3384/confero.2001-4562.190125.

Srnicek, Nick (2018) [2017]. Plattform-Kapitalismus. Hamburg: Hamburger Edition.

Staab, Philipp (2019). Digitaler Kapitalismus. Markt und Herrschaft in der Ökonomie der Unknappheit. Berlin: Suhrkamp.

Stalder, Felix (2024) [2016]. Kultur der Digitalität. Berlin: Suhrkamp.

Stockinger, Rosa (2024). Die digitale Vermessung des studierenden Subjektes. Subjekttheoretische Betrachtungen zu normativen Bildungsbegrifflichkeiten und Learning Analytics. In: Gutjahr, Clara/Münster, Lisa Marie/Geisler, Lukas/Morley, David/Richter, Moritz (Hrsg.), Organisierte Halbbildung. Studieren 25 Jahre nach der Bologna-Reform. Bielefeld: transcript. S. 223–233. https://doi.org/10.14361/9783839469880-026.

Süss, Daniel/Lampert, Claudia/Trültzsch-Wijnen, Christine W. (2018). Medienpädagogik. Ein Studienbuch zur Einführung. 3. Aufl. Wiesbaden: Springer VS.

Thaler, Richard & Sustein, Cass (2008). Nudge: Improving Decisions about Health, Wealth, and Happiness. New Haven: Yale University Press.

Troeger, Jasmin/Lüpkes, Julia/Bock, Annekatrin (2022). In Software We (Do Not) Trust. In: Fuchs, Eckhardt & Otto, Marcus (Hrsg.), In Education we trust? Vertrauen in Bildung und Bildnugsmedien. Göttingen: V&R unipress. S. 255–263. https://doi.org/10.14220/9783737015097.255.

Unterberg, Lisa & Zulaica y Mugica, Miguel (2023). Der Button und die Inszenierung des Schaltens. Überlegungen zu einer ästhetischen Souveränität. In: Buck, Marc Fabian & Zulaica y Mugica, Miguel (Hrsg.), Digitalisierte Lebenswelten. Bildungstheoretische Reflexionen. Stuttgart: J.B. Metzler. S. 165–185. https://doi.org/10.1007/978-3-662-66123-9_9.

Wagenschein, Martin (1999) [1968]. Verstehen lehren. Genetisch – sokratisch – exemplarisch. Weinheim/Basel: Beltz.

Waldmann, Maximilian (2024). Abwerten, Aussortieren, Separieren. Algorithmische Ungleichheit als neuartiges Gegenstandsfeld soziologischer, neomaterialistischer und medienbildungstheoretischer Positionen. In: MedienPädagogik 61, S. 1–23. https://doi.org/10.21240/mpaed/61/2024.06.10.X.

Waldmann, Maximilian & Walgenbach, Katharinna (2020). Digitalisierung der Hochschulbildung. Eine kritische Analyse von Learning-Analytics-Architekturen am Beispiel von Dashboards. In: Zeitschrift für Pädagogik 66(3), S. 357–372. https://doi.org/10.25656/01:25799.

Waldmann, Maximilian & Wunder, Maik (2021). Es empfiehlt sich ›von selbst‹ — Bildungssoziologische Überlegungen zur Transformation von Autonomieverhältnissen durch Recommender-Systeme in der Hochschullehre. In: Leineweber, Christian & de Witt, Claudia (Hrsg.), Algorithmisierung und Autonomie im Diskurs: Perspektiven und Reflexionen auf die Logiken automatisierter Maschinen. Hagen: FernUniversität in Hagen. S. 68–101. https://doi.org/10.18445/20210420-111019-0.

Walgenbach, Katharina (2011). Intersektionalität als Analyseparadigma kultureller und sozialer Ungleichheiten. In: Bilstein, Johannes/Ecarius, Jutta/

Keiner, Edwin (Hrsg.), Kulturelle Differenzen und Globalisierung. Wiesbaden: VS. S. 113–130. https://doi.org/10.1007/978-3-531-92859-3_7.

Walgenbach, Katharina (2014). Heterogenität – Intersektionalität – Diversity in der Erziehungswissenschaft. Opladen: Budrich/UTB.

Walgenbach, Katharina (2017). Elitebildung für alle? Massive Open Online Courses (MOOCs). In: Erziehungswissenschaft 28(55), S. 37–45. https://doi.org/10.3224/ezw.v28i2.5.

Walgenbach, Katharina 2023. Digitaler Ableismus im Feld der Bildung. In: MedienPädagogik, 20. Jahrbuch. S. 1–26. https://doi.org/10.21240/mpaed/jb20/2023.09.01.X.

Welsch, Wolfang (2017) [1990]. Ästhetisches Denken. Stuttgart: Reclam.

Welter, Nicole & Tenorth, Heinz-Elmar (2022). Entgrenzung des Erziehungsbegriffs. Risiken einer beliebten Strategie. In: Zeitschrift für Pädagogik 68(1), S. 15–23. https://doi.org/10.3262/ZP2201015.

Wilder, Nicolaus & Lordick, Nadine (2025). Werkzeuge, Techniken und ihre Kränkungen des Menschen. Versuch einer historischen Rekonstruktion von Schreib- und Denkwerkzeugen vor dem Hintergrund des aktuellen Diskurses um künstliche Intelligenzen. Kiel: Universitätsverlag Kiel. https://doi.org/10.38072/2751-1359/v28.

Willatt, Carlos (2018). Ästhetische Erfahrung und Bildung. Eine phänomenologische, bildungstheoretische und pädagogische Neubetrachtung. Diss. phil., HU Berlin. https://doi.org/10.18452/20823.

Willatt, Carlos & Buck, Marc Fabian (2023). Studieren im Medium des Digitalen. In: Buck, Marc Fabian & Zulaica y Mugica, Miguel (Hrsg.), Digitalisierte Lebenswelten. Bildungstheoretische Reflexionen. Berlin/Heidelberg: Metzler. S. 347–369. https://doi.org/10.1007/978-3-662-66123-9_18.

Willatt, Carlos & Buck, Marc Fabian (2025). The Digital Colonisation of the Virtual and the Persistence of (Proto)Virtuality in Educational Settings. In: Brinkmann, Malte/Türstig, Johannes/Weber-Spanknebel, Martin (Hrsg.), Realities in Pedagogical and Phenomenological Contexts. Experience, Mediality, and Optimisation in Education. Wiesbaden: Springer VS. i.E. https://doi.org/10.1007/978-3-65-8475178.

Willatt, Carlos & Flores, Luis Manuel (2022). The Presence of the Body in Digital Education: A Phenomenological Approach to Embodied Experience. In: Studies in Philosophy and Education 41, S. 21–37. https://doi.org/10.1007/s11217-021-09813-5.

Williamson, Ben (2022). Big EdTech. In: Learning, Media and Technology 47(2), S. 157–162. https://doi.org/10.1080/17439884.2022.2063888.

Literaturverzeichnis

Yacek, Douglas & Lipkina, Julia (2025). Unterricht jenseits der Kompetenzorientierung. Lehr- und Lernansätze für mehr Bildung. Stuttgart: Kohlhammer. https://doi.org/10.17433/978-3-17-043646-6.

Zuboff, Shoshana (2018). Das Zeitalter des Überwachungskapitalismus. Frankfurt/Main: Campus.

Zulaica y Mugica, Miguel (2024). Die agnoale (Un-)Wirklichkeit des Spiels in der ludifizierten Gesellschaft. In: Weiß, Gabriele (Hrsg.), Ludifizierung und Gamification. Digitale Entgrenzungen und Transformationen des Spiels. Weinheim/Basel: Beltz Juventa. S. 21–40.

Zulaica y Mugica, Miguel & Buck, Marc Fabian (2023a). Lebenswelt und Digitalisierung als bildungstheoretische Bezugspunkte. In: Buck, Marc Fabian & Zulaica y Mugica, Miguel (Hrsg.); Digitalisierte Lebenswelten. Bildungstheoretische Reflexionen. Berlin/Heidelberg: Metzler. S. 1–24. https://doi.org/10.1007/978-3-662-66123-9_1.